헬렌 켈러

헬렌 켈러

오병학 지음

규장

장애를 이기고
소망을 전파한 삶

　　　　　　　　　　　　태어난 지 2년도 되지 않아
보지도, 듣지도 못하고 말도 하지 못하는 삼중고三重苦를 겪게 된 헬
렌 켈러. 그러나 그녀는 최고의 스승들을 만나 어둠과 침묵의 세계
에서 벗어나게 되었다. 개인교사인 설리번 선생님의 도움으로 점자
를 익히게 되어 마음과 정신이 열리게 되었고, 후에는 농아학교 플
러 선생님의 지도로 발성법을 익혀 말까지 할 수 있게 되었다.

　마침내 그녀는 눈물겨운 인내와 노력으로 명문학교인 래드클리
프 대학에 입학한다. 그리고 우수한 성적으로 졸업하게 된다. 주위
사람들의 도움도 컸지만 무엇보다 그녀 자신의 뼈를 깎는 노력이 없
었다면 상상할 수 없는 일이다.

　헬렌 켈러의 위대함과 숭고한 삶의 가치는 그녀가 단지 불행한 삶
을 극복한 데에만 있는 것은 아니다. 그녀는 온전하지 않은 몸으로
명문대를 졸업한 후 남은 생애를 불행한 사람들을 돕는 일에 바쳤다.

　그녀는 미국 대륙 횡단 여행을 하던 어느 날, 동행했던 어머니에
게 이렇게 말했다.

　"어머니, 저는 지금까지 인간이 의지만 강하면 얼마든지 불행한

운명을 극복할 수 있다고 생각했어요. 그런데 지금은 생각이 달라졌어요. 아버지와 어머니를 비롯해 설리번 선생님 같은 훌륭한 분들의 사랑의 교육이 없었다면 오늘의 저는 없었을 거예요. 그래서 저는 제 행복에 감사하지 않을 수 없고, 동시에 저보다 더 불행한 사람들에게 이 행복을 나눠주어야 할 거룩한 의무가 있다고 생각해요. 또 마땅히 그래야만 이제까지 많은 은혜를 베풀어주신 하나님께 보답하는 것이라고 생각해요."

이처럼 헬렌 켈러는 하나님께서 주신 가장 큰 고난의 짐을 기쁨으로 짊어졌던 사람이었고, 그 고난을 통하여 예수 그리스도의 사랑을 몸으로 배워 그대로 실천했던 사람이었다.

불가능을 가능으로 바꾼 헬렌 켈러의 위대한 정신과 하나님을 사랑하고 자신과 같이 연약한 이웃을 사랑하는 마음이 이 책을 읽는 청소년들에게도 꼭 전해지기를 바란다.

오병학

저자의 말

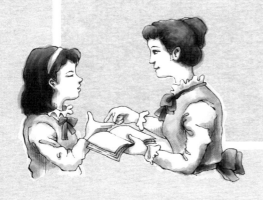

차례

뜻밖에 덮친 불행

1880년 6월 27일, 미국 앨라배마 주 북쪽에 위치한 터스컴비아 마을에 푸른 담쟁이가 덮인 아름다운 집에서 갓 태어난 아기 울음소리가 들렸다.

"어쩌면 아기의 울음소리가 이렇게 곱죠? 커서 노래를 무척 잘 부르려나봐요. 이 눈망울도 좀 봐요. 얼마나 또록또록한지 마치 수정 구슬처럼 맑아요."

"이런 귀여운 아기를 우리에게 주신 하나님께 정말 감사해요."

아버지 아더 켈러와 어머니 케이트 부인은 막 태어난 아기를 보면서 기뻐서 어쩔 줄 몰랐다.

아더 켈러는 미국이 아직 영국의 식민지이던 시대에 스위스에서 미국 동부 메릴랜드로 건너와 살았던 카스퍼 켈러라는 사람의 후손이었다. 아더는 남북전쟁이 한창이던 때 남군에서 크게 용맹을 떨친

장교였기 때문에 많은 사람들이 '켈러 대위'라고 불렀다.

남북전쟁은 미국의 북부와 남부 사이에서 벌어진 내란으로 1861년에 일어나 1865년까지 계속되었던 처참한 전쟁이었다. 흑인도 백인과 다름없이 하나님께서 만드신 인간이니 짐승처럼 마구 부려먹는 노예로 만들어선 안 된다는 북부인과 여기에 반대하여 흑인들이 공장과 농장에서 일하지 않으면 제대로 생산할 수 없다는 이유로 노예해방을 원치 않았던 남부인 간의 싸움이었다. 이 전쟁은 당시 대통령이던 아브라함 링컨의 훌륭한 지도력으로 마침내 북부의 승리로 끝나게 되었다.

한편 아더 켈러의 어머니는 버지니아 주의 초대 지사인 알렉산더 스포츠우드의 손녀였고, 아내인 케이트 아담즈는 남북전쟁 당시 남군 여단장의 딸이었다. 케이트는 아더 켈러가 맞아들인 두 번째의 부인이었는데 남편과는 나이 차이가 많은 젊은 여인이었다.

"이 녀석이 사내였다면 훌륭한 군인으로 키웠을 텐데."

아더 켈러의 말에 케이트 부인이 대꾸했다.

"꼭 사내라야만 하나요. 여자아이도 얼마든지 훌륭하게 기를 수 있어요. 스토 부인* 이나 나이팅게일** 같은 분들을 생각해보세요."

케이트 부인이 아기를 들여다보며 말했다.

"그런데 우리 아기의 이름을 뭐라고 지을까요? 난 '헬렌'이라고

★ 스토 부인 Harriet Beecher Stowe, 1811~1896, 미국의 여류 소설가로 《톰 아저씨의 오두막집 Uncle Tom's Cabin》으로 노예제도 반대 감정을 대중적으로 고취시켜 링컨 대통령으로부터 "당신이 이 전쟁에 불을 당긴 분입니까" 하는 말을 들었다.

★★ 나이팅게일 Florence Nightingale, 1820~1910, 간호사로서 일생을 병들고 가난한 사람을 위해 바친, 인류애를 실천한 근대 간호사업의 선구자

불렀으면 좋겠는데요."

"그건 당신 어머니의 이름 아니오?"

아더가 말했다.

"맞아요. 제가 우리 어머니를 얼마나 좋아했는지…."

"그보다도 나는 '미들렛'이라고 불렀으면 좋겠소. 우리 조상들 가운데 그 분만큼 훌륭한 사람은 없거든."

"그 이름도 좋군요. 당신 의견에 따라야죠."

케이트 부인은 남편의 의견을 존중해 아기 이름을 '미들렛'이라고 불렀다. 그러나 얼마 후에 아기 이름은 뜻밖에 '헬렌'으로 불리게 되었다.

미들렛이 유아세례를 받게 되었을 때의 일이었다. 목사님이 부부를 향해 물었다.

"아기의 이름이 무엇이지요?"

그러자 켈러는 미처 이름을 대지 못하고 아내를 돌아보았다. 미들렛이라고 부르기로 했음에도 불구하고 아버지 켈러가 잠시 착각을 일으켰던 것이다. 이때 케이트 부인 역시 머뭇거리다가 말했다.

"제가 '헬렌'이라고 부르자고 했더니…."

여기까지 말하고 났을 때였다.

"맞습니다. '헬렌'이라고 지었습니다."

켈러가 얼른 그렇게 대답해버렸다.

"오, 그래요."

목사님은 곧 아기의 머리 위에다 물을 뿌리면서 기도했다.

"하나님의 딸 '헬렌 켈러'에게 성부와 성자와 성령의 이름으로

세례를 주노라.”

아기는 그날부터 ‘헬렌 켈러’라고 불리게 되었다.

헬렌은 예쁘고 건강하게 무럭무럭 자랐다. 갈색 머리칼에 해맑은 얼굴, 맑게 빛나는 두 눈동자를 가진 아이는 참으로 총명하고 영리해 보였다.

아더 켈러가 밖에 나가 있는 동안 케이트는 온종일 헬렌과 즐거운 시간을 보냈다. 케이트는 어린 헬렌을 어루만지면서 말했다.

“오! 내 딸 헬렌아, 넌 비록 여자지만 장차 사내아이보다 더 훌륭하게 될 거야.”

헬렌은 반년쯤 지나자 ‘아빠’와 ‘엄마’를 또렷한 소리로 불렀다. 어린 헬렌은 몇 달 만에 여러 가지 말을 배웠고, 조그마한 입으로 물건 이름들을 곧잘 불렀다. 첫돌이 지나자 헬렌은 아장아장 걷기 시작했다. 그렇게 정원을 걷는 모습은 마치 귀여운 인형 같았다. 어린 헬렌은 그런 걸음으로 나비를 쫓기도 하고, 멈춰 서서 아름다운 새들의 노랫소리에 귀를 기울이기도 했다.

“엄마… 지지배배 지지배배.”

새들의 소리를 흉내내며 어린 헬렌이 어머니에게로 다가와서 종알거렸다. 그 모습은 마치 행복을 가져다주는 한 마리 파랑새 같았다.

이때까지만 해도 부모의 사랑을 독차지하면서 무럭무럭 자라던 어린 헬렌에게 무서운 불행이 닥치리라고는 누구도 생각지 못했다.

헬렌이 태어나서 1년 7개월째 되던 1882년 1월 어느 날이었다. 아침부터 헬렌의 머리가 갑자기 뜨거워지기 시작하더니 금방 온몸이 불덩어리가 되었다.

"여보, 헬렌이 많이 아파요. 온몸이 불덩이 같아요!"

놀란 케이트 부인이 소리치자 남편 켈러는 대수로운 일이 아니라는 듯 말했다.

"요즘 날씨가 추우니까 감기가 극성인 모양인데 너무 염려하지 말아요. 몸을 따뜻하게 덮어주면 곧 괜찮아질 거요."

그러나 열은 조금도 식지 않고 도리어 시간이 갈수록 더 높아지기만 했다. 이튿날에야 아더 켈러는 헬렌의 병이 예사롭지 않다는 것을 알고 서둘러 어린 헬렌을 안고 멀리 떨어져 있는 병원으로 달려갔다. 진찰을 마치고 난 의사가 놀라운 이야기를 했다.

"위와 뇌에 심한 충격으로 일어난 열병입니다. 지금 상태로 보아서는 도저히 살아나지 못할 것 같습니다."

"네, 뭐라고요?"

켈러 부부는 정신을 잃고 말았다. 한참 후에야 깨어난 켈러 부부는 그 자리에서 엎드려 울부짖었다.

"안 돼요! 하나님, 우리 헬렌이 죽다니 안 돼요, 안 돼요!"

"하나님, 제발 아이를 살려주세요."

부부의 기도는 너무나 애절했다.

그렇게 2주가 지난 어느 날 아침이었다. 기적 같은 일이 벌어졌다.

그동안 불덩이 같던 헬렌의 몸이 뜻밖에도 열이 뚝 떨어지면서 예전과 조금도 다름없는 상태로 돌아왔다.

"여보, 어서 와보세요. 신기하게도 열이 내렸어요."

케이트는 부리나케 남편을 불렀다.

"정말이야?"

허겁지겁 달려온 아더는 재빨리 헬렌의 이마에다 손을 얹었다.

"오, 하나님!"

아더 켈러는 안도의 숨을 내쉬었다. 그리고 아이를 데리고 병원으로 갔다.

"참으로 기적입니다. 죽지는 않을 것 같습니다."

헬렌을 다시 진찰한 의사가 켈러 부부에게 소망을 안겨주었다.

"오, 하나님 감사합니다. 하나님 감사합니다! 아기야 어서 속히 회복되어 예전처럼 새들과 함께 노래 부르면서 이 엄마와 아빠를 즐겁게 해주렴."

부부는 눈물을 흘리며 하나님께 감사드렸다. 케이트는 헬렌의 얼굴에다 두 볼을 비볐다. 기쁨을 감출 수 없었다. 죽음에서 벗어난 헬렌은 부모와 함께 집으로 돌아왔다.

그런데 집으로 돌아온 헬렌이 이상했다. 외부의 자극에 아무런 반응도 보이지 않은 채 그냥 누워 있기만 했다. 눈도 제대로 깜박이지 않았다.

"헬렌, 이젠 아프지 않니?"

케이트는 일부러 얼굴을 가까이 마주하면서 물었으나 헬렌은 아무런 표정도 짓지 않았다.

"아가야, 왜 그러는 거니?"

케이트는 가슴이 덜컹 내려앉았다. 그녀는 다급한 마음으로 헬렌의 눈앞에서 손을 흔들어보았다. 하지만 헬렌의 눈은 멍하니 허공을 쳐다보기만 할 뿐 아무런 반응도 보이질 않았다.

"어머, 눈이…."

이번에는 헬렌의 몸을 부둥켜안고 소리쳐보았다.

"왜 대답이 없니?"

여전히 헬렌은 아무런 대답을 하지 않았다.

"여보, 우리 헬렌이 말을 못해요."

"뭐라고? 병을 앓고 나서 힘이 없어서일 거야."

아더 켈러는 이번에도 별일 아닌 것처럼 대꾸했다.

"그게 아니에요."

케이트는 가슴이 덜컥 내려앉았다. 이번에는 헬렌의 귀에 대고 대야를 두들겨보았다. 여전히 반응이 없었다.

"소리조차 듣지 못하고 있어요. 여보, 이를 어쩌면 좋아요?"

헬렌은 아무 소리도 듣지 못했고, 아무것도 보지 못했으며, 아무 말도 하지 못했다. 가끔씩 입술을 움직이긴 했지만 말하는 것과는 전혀 다른 움직임이었다.

아더 켈러는 그제야 눈이 휘둥그레져서 의사를 데리고 왔다.

"이게 어떻게 된 노릇입니까, 어서 좀 봐주십시오."

헬렌의 몸을 진찰한 의사가 고개를 좌우로 저었다.

"…."

"어서 말을 해주세요!"

"안 됐지만 …."

"네?"

"눈과 귀가 다 어긋났어요. 말이라도 했으면 좋겠는데 들을 수가 없으니…."

"세상에 맙소사!"

아더 켈러와 케이트는 그 자리에 주저앉아버렸다. 그리고 한동안 세상이 무너지는 것 같은 충격을 느꼈다. 케이트의 입에서 울음이 터져나왔다. 용감한 군인이었던 아더 켈러의 눈에서도 주체할 수 없는 눈물이 쏟아져내렸다.

얼마 전까지만 해도 정답게 엄마와 아빠를 부르던 귀여운 아이, 정원을 아장아장 걸으며 인형처럼 달리면서 나비를 쫓고, 즐거운 새들의 노랫소리에 귀를 기울이면서 '지지배배 지지배배' 흉내내던 어린 헬렌이 하루아침에 귀머거리, 벙어리, 소경이 되다니 말로 표현할 수 없는 슬픔이었다. 그토록 맑고 뚜렷하던 헬렌의 두 눈도 얼마쯤 지나자 동공마저 하얗게 변해버리고 말았다.

"오 헬렌, 눈이라도 보이면 이 엄마와 아빠의 얼굴은 볼 수 있을 텐데, 으흐흑…."

아무리 가슴을 치며 흐느껴도 방법을 찾을 수 없는 기막힌 일이었다. 헬렌은 태어나서 꼭 570일밖에 햇빛을 보지 못한 것이다. 사랑스러운 엄마와 아빠의 품에서 함박웃음을 지으며 재롱부리던 일은 헬렌이 태어나서 겨우 1년 남짓뿐이었다. 세상의 아름다운 소리를 듣는 것도 1년 남짓이었으며 말을 일찍부터 배우기는 했지만 그것도 겨우 몇 마디뿐이었고, 그마저 얼마 후에는 잃어버렸다.

헬렌은 암흑과 침묵의 세상으로 파묻혀버리고 말았다.

난폭해진 아이

뜻하지 않은 열병은
어린 헬렌의 눈과 귀와 말까지 모두 **빼앗아버렸다**. 다만 그녀의 맑은 정신만은 그대로 남아 있었다. 몇 년 후에는 그 맑은 정신으로 보고 듣게 되었지만 그때는 아무도 앞으로 펼쳐질 하나님의 놀라운 계획을 알 수 없었다.

세월이 흐르자 헬렌은 점점 몸짓을 통해서 자기의 뜻을 나타내는 것을 익히기 시작했다. 여러 가지 물건들을 손으로 만져보고 부딪쳐 가면서 사물들을 알아갔다.

무엇이 먹고 싶으면 손으로 입을 두드리고, 누워서 자고 싶으면 한쪽 머리에다 손바닥을 갖다 댔다. 또 좋으면 턱을 끄떡이고, 싫으면 도리질을 했다. 누군가를 부를 때는 옆에 있는 사람을 끌어당기고, 귀찮을 때는 밀어냈다. 보고 듣지는 못했지만 생각은 살아 있었기 때문에 누가 앞으로 끌면 오라는 뜻임을 알았고, 뒤로 밀치면 가라는 뜻인 줄 알았다. 덥다는 것을 알리기 위해 옷깃을 풀어 보이기도 했고, 춥다는 것을 알리기 위해 몸을 움츠려 보이기도 했다. 청각과 시각은 잃어버렸지만 남은 세 가지 감각, 곧 냄새를 맡는 후각과 맛을 아는 미각과 접촉으로 아는 촉각을 최대한 활용했다. 눈과 귀의 감각을 잃어버린 대신 이 세 가지 기능을 사용하다보니 자연스럽게 정상인보다 훨씬 예민해졌다.

한편, 케이트는 여러 방법을 동원하여 헬렌이 다양한 사물을 알수 있도록 노력했다. 오래지 않아 어떤 물건을 가져오라고 하면 헬렌은 곧 알아차리고 금방 그것을 가져다주었다.

헬렌이 다섯 살이 되었을 때는 세탁소에서 보내온 옷을 손으로 만져보기만 하고도 그것이 누구의 옷인지 알 수 있게 되었고, 아더 켈러와 케이트가 외출할 때나 돌아올 때 옷을 만져서 어머니와 아버지를 분간했다.

헬렌은 가끔씩 아버지가 의자에서 꼼짝하지 않고 앉아서 네모난 종이를 들고 있는 것이 무엇인지 궁금했다. 신문을 보고 있는 것이었지만 헬렌은 그런 모양만 알았지 내용은 알 수 없었다. 또 가끔씩 손님이 찾아오면 아버지와 어머니와 함께 마주앉아 있는 것은 알 수 있었지만 손님이 누구인지는 알 수 없었다.

헬렌은 얼마 후 한 가지 사실을 알게 되었다. 아빠와 엄마가 다른 사람들을 대할 때는 자기처럼 손짓으로만 표시하는 것이 아니라 입술을 움직이고 있다는 사실이었다. 그래서 헬렌은 때때로 말하고 있는 사람들 틈으로 들어가서 손으로 그들의 입술을 만져보곤 했다. 그리고 자기도 입술을 움직여보았지만 그것이 다른 사람들에게 전달될 수는 없었다. 헬렌은 그런 자신이 안타까워 하루에도 몇 번씩 괴로운 몸짓을 했고, 어떤 때는 화가 나서 어쩔 줄 몰라 했다.

헬렌은 자기의 의사 표현이 몹시 불편하다는 것을 알고부터 거칠어지기 시작했다. 자기 마음에 들지 않는 일이 생기면 드러누워 뒹굴면서 마치 짐승처럼 괴상한 소리를 지르며 울었다. 헬렌의 감정 폭발은 자신의 의사를 나타내고 싶은 충동에 비례해서 더욱 심해졌다. 표현하지 못하는 괴로움이 헬렌을 갈수록 난폭하게 만들었던 것이다.

'우리가 세상에 없었더라면 너 같은 불쌍한 아이는 태어나지 않았을 텐데….'

힘들어하는 헬렌의 모습을 대할 때마다 켈러 부부는 탄식하면서 함께 울었다. 그 정도는 오히려 나은 편이었다. 헬렌은 간혹 짓궂게 장난을 치다가 흥겨워지면 얼굴을 하늘로 쳐들고 괴상한 소리를 지르며 웃었는데, 이럴 때 켈러 부부는 웃어야 할지 울어야 할지 몰라 당황스러운 눈으로 딸을 바라보아야 했다.

장난을 칠 때도 헬렌은 보통 아이들과는 많이 달랐다. 흑인 가정부 버어니의 딸인 자기 또래의 마아트와 함께 놀 때면 으레 그 아이를 울려놓곤 했다. 무엇이나 손에 잡히는 대로 집어던지는 바람에 마아트가 다치는 일도 많았다.

어느 날이었다. 헬렌과 함께 방에서 놀고 있던 마아트의 우는 소리가 났다.

"헬렌이 가위로 내 머리카락을 잘라버렸어."

가정부가 깜짝 놀라 들어가자 헬렌은 가위로 싹둑 자른 마아트의

머리칼을 손에 한 움큼 쥐고서 웃고 있었다.

"헬렌! 이러면 못써!"

가정부는 소리치면서 헬렌을 밀었다. 그러자 헬렌이 웃음을 멈추더니 가정부를 향해 손에 들고 있던 가위를 냅다 던졌다.

"아얏!"

가위는 가정부의 이마로 향했고 맞은 자리에서는 피가 솟았다. 헬렌의 장난은 대부분 그런 식이었다.

"참으로 큰일이군. 점점 더 거칠어지기만 하니 어쩌면 좋담."

케이트는 걱정이 되었지만 어떤 방법도 찾지 못했다.

헬렌이 다섯 살이 되던 해에 여동생 미들렛이 태어났다. 엄마의 품을 동생에게 빼앗긴 후부터 헬렌은 더욱 사나워졌다. 조금만 귀찮거나, 자기를 이해해주지 않으면 마구 달려들어 물어뜯고 짐승처럼 소리치면서 날뛰었다. 어떤 때는 혼자 짜증을 내며 자기의 얼굴과 몸을 손톱으로 할퀴기도 했다.

"여보, 어떡해요. 저대로 내버려두면 헬렌은 구제불능이 될 것 같아요."

어느 날 케이트는 남편을 향해 하소연을 했다.

"글쎄 말이야. 어떤 방법으로라도 헬렌을 사람답게 가르쳐야 할 텐데…. 당장 듣지도 보지도 못하고 말까지 못하니 어떻게 해볼 도리가 없구려."

켈러 역시 안타깝기는 마찬가지였다.

"우선 눈이라도 뜰 수 있다면 얼마나 좋겠어요."

둘의 생각으로는 헬렌을 장애아들이 가는 학교라도 보내고 싶었으나 불행하게도 부근에는 그런 학교가 없었다.

그러던 어느 날이었다. 케이트는 영국의 작가인 찰스 디킨스가 쓴 《미국의 기행American Notes》이라는 책을 읽게 되었다. 거기에는 놀랍게도 소경에다 귀머거리인 벙어리 소녀가 하우 박사의 힘으로 훌륭한 교육을 받았다는 내용이 기록되어 있었다. 케이트는 그 책을 읽은 후 남편이 돌아오자 흥분을 감추지 못한 채 말했다.

"이 책 말이에요…."

"그게 뭔데?"

"우리에게 희망을 주는 얘기가 있어요."

"무슨 얘긴데?"

켈러도 호기심에 찬 눈으로 물었다.

"로올 부리지먼이라는 여자아이의 얘긴데요. 이 아이도 우리 헬렌처럼 보지도 듣지도 못했지만 아주 특별한 방법으로 교육을 받아 마침내 책을 읽을 수 있게 되고, 글도 쓸 수 있게 되었다는 거예요. 디킨스라는 사람이 그 아이를 직접 만나고 나서 그때의 일을 써놓은 책이에요."

"그런 특별한 교육을 누가 했지?"

"하우 박사란 분인데 벌써 세상을 떠났대요."

"그렇다면 우리에겐 다 쓸데없는 얘기 아니오."

켈러는 풀이 죽은 소리로 대꾸했다. 케이트는 헬렌 같은 아이를 가르쳤다는 사실만 머리에 떠올렸지, 그 아이를 가르친 박사가 벌써 세상을 떠났다는 사실은 미처 생각지 못했던 것이다. 새삼스럽게 실망에 빠진 케이트가 탄식했다.

"아, 우리 헬렌이 볼 수만 있다면 얼마나 좋을까…."

헬렌의 장난과 심술은 날로 심해졌다. 가정부의 딸 마아트는 헬렌의 몸동작을 잘 알아차렸기 때문에 함께 노는 일이 불편하지는 않았지만 느닷없이 물건으로 얻어맞는 일이 많아서 늘 조심스러웠다.

어느 날인가는 칠면조 한 마리가 다가와서 헬렌이 들고 있는 토마토를 잽싸게 낚아채갔다. 이 일을 당한 후 헬렌은 비상한 꾀를 생각해냈다.

'옳지, 마아트와 함께 부엌에 둔 과자를 몰래 훔쳐 먹어야지. 그러고 나서 나중에 칠면조에게 뒤집어씌우면 되는 거야.'

하지만 헬렌은 마아트와 함께 배탈이 나고 말았기 때문에 그 일을 칠면조에게 뒤집어씌울 수 없게 되었다.

헬렌이 쓰는 심술 도구로 가위처럼 안성맞춤인 것은 없었다. 마음만 내키면 무엇이나 붙잡고 싹둑싹둑 자를 수 있었기 때문이다. 이런 버릇은 일전에 마아트의 머리를 한 움큼 잘라내고부터 생겼다. 처음에는 종이나 인형 따위만 잘랐지만 나중에는 재미가 붙어 옷자락, 앞치마, 구두 등 닥치는 대로 잘라댔다. 언젠가는 정원에 있는 나무의 잎을 모조리 잘라버린 일도 있었다. 무엇보다도 마음을 놓을수 없었던 것은 동생 미들렛을 향한 행패였다.

'치, 네가 뭔데 내 것을 다 차지해?'

어느 날 헬렌은 미들렛이 잠들어 있는 요람을 마구 흔들어 기어코 뒤집어버렸다. 미들렛이 놀라서 우는 소리를 듣고 케이트가 재빨리 달려갔다.

"헬렌! 이게 무슨 짓이니? 하마터면 아기가 마루 난간으로 떨어질 뻔하지 않았니."

이후 케이트는 헬렌의 행동에 더 긴장하지 않을 수 없었다. 이런 이야기를 듣고 난 아더는 몹시 어두운 얼굴로 말했다.

"이래서 어떻게 헬렌과 함께 살 수 있겠어?"

"그럼 어떻게 해요?"

"헬렌을 보호소에 보내야겠어. 어디 마음을 놓을 수 있어야지."

켈러의 말에 케이트는 금방 눈시울을 적시면서 말했다.

"보호소라고요? 그런 말은 입 밖에도 내지 말아요. 그곳은 정신박약아들을 맡기는 곳이잖아요?"

"이러다간 미들렛마저 어떻게 될지 모르는데 그냥 두고 보자는 말이오?"

"우리 헬렌을 그런 곳에 맡겼다간 정신까지도 이상이 생길 거예요. 그렇게 되면 너무 불쌍하잖아요."

"그럼 어쩌자는 거요?"

"좀 더 참고 지내면서 좋은 의사를 찾아보도록 해요. 눈이라도 뜨게 해줄 수 있는 의사를 찾아보잔 말이에요. 우리가 아직 몰라서 그렇지 분명 어딘가에 유능한 의사가 있을 거예요."

켈러는 더 이상 말을 못하고 입을 다물었다. 이렇듯 애틋한 케이트의 사랑에 대하여 훗날 헬렌 켈러는 자서전 《나의 생애The Story of My Life》에 이렇게 기록했다.

어머니에 대해 어떻게 써야 할지 모르겠습니다. 어머니는 나에게 엄청난 사랑을 베풀어주셨기 때문에 감히 그 사랑에 대해 말을 한다는 것부터가 경솔한 일이라고 여겨질 정도입니다.

그 무렵의 일이었다. 켈러와 케이트 부부는 볼티모어에 훌륭한 의사가 있다는 말을 들었다. 도저히 고칠 수 없을 것 같은 환자까지 눈을 뜨도록 도와주었다는 것이었다.

"어쨌든 훌륭한 안과 의사를 찾아가서 헬렌의 눈을 보이는 것이 좋겠다는 생각이 드는군. 게다가 의학은 몇 년 전보다 훨씬 발달되었다니까 말이야."

"그렇게 해요. 헬렌을 절대로 그냥 둘 수는 없어요. 저대로 두는 것은 우리 잘못이에요."

"그럼 볼티모어로 한번 찾아가봅시다. 꽤 유명한 의사라니까."

"그래요. 될 수 있으면 빨리 가도록 해요."

케이트는 오랜만에 밝은 얼굴이 되었다.

이튿날 켈러 부부는 헬렌을 데리고 볼티모어 행 기차를 탔다. 기차를 생전 처음 타보는 헬렌은 집에서보다 더 심술궂게 손님들 사이를 비집고 다니며 장난을 쳤다. 손님들은 이 아이가 듣지도 보지도 못한다는 것을 안 후 저마다 한마디씩 했다.

"쯧쯧, 얼굴은 예쁘게 생겼는데….'

"부모는 얼마나 마음이 아플까?"

"참 안됐군."

설리번 선생님

　　　　　　볼티모어에 도착한 켈러 부부는
의사인 크시홈 씨를 찾아갔다. 의사는 헬렌의 눈을 자세히 들여다보
면서 진찰을 했다. 이를 지켜보는 켈러 부부의 가슴은 두근거렸다.
몇 가지 검사를 마친 의사는 매우 안됐다는 표정을 지었다.

　"의사 선생님, 어떻습니까?"

　"전혀 가망이 없군요. 그동안 여러 사람의 눈을 뜨게 해주었지만
당신의 아이처럼 망막의 신경이 다 죽어버린 것을 되살린 적은 없거
든요."

　이 말을 들은 두 사람은 깊은 한숨만 쉴 뿐이었다.

　"다시 한 번 봐주실 수 없습니까?"

　"마찬가지입니다. 미안하지만 내 힘으로는 어떻게 해볼 수가 없
겠군요."

의사는 말을 이었다.

"너무 실망하지는 마십시오. 당신의 딸은 비록 눈과 귀를 잃었지만 지능만은 다른 아이들에 비해 조금도 떨어지지 않으니까요. 제가 이 방면으로 유능한 분을 소개해드리겠습니다. 워싱턴에 있는 알렉산더 벨 박사*라는 분인데 소개장을 써줄 테니 한번 찾아가보십시오. 혹 귀라도 들리게 하는 어떤 길이 생길지 누가 알겠습니까. 어쨌든 그 분이 좋은 의견을 들려줄 것입니다."

～～

알렉산더 벨 박사는 1876년에 처음으로 전화를 발명한 명성 있는 사람이었다. 그리고 맹아盲啞교육에 큰 공헌을 한 사람이기도 했다. 그는 자기 어머니가 귀머거리였기 때문에 어렸을 적부터 청각 연구에 관심을 기울였다. 그리하여 마침내 전화까지 만들었던 것이다.

켈러 부부는 그 길로 벨 박사를 만나기 위해 워싱턴으로 향했다. 아버지와 어머니의 심경에는 아랑곳없이 헬렌은 계속되는 여행에 마냥 즐겁기만 했다.

벨 박사는 무척 인자한 사람이었다. 그는 자기 무릎 위에다 헬렌을 앉히고 자기의 시계를 꺼내 만져보게도 하고 소리를 어떻게 듣나 보기 위해 귀에 바짝 대주기도 했다. 그의 행동이 얼마나 친절했던지 켈러 부부는 말할 것 없고 아무것도 모르는 헬렌까지도 금방 그

★ 알렉산더 벨 박사 Alexander Graham Bell, 1847~1922, 스코틀랜드계 미국인 과학자 및 발명가

와 친해지게 되었다. 아무도 예측하지 못했지만 헬렌과 벨 박사와의 이 만남은 이후 헬렌에게 큰 행운을 가져다주었다.

"아이가 무척 영리하군요. 이 아이는 교육만 잘 시키면 아주 훌륭한 사람이 되겠습니다."

"어떻게 고쳐볼 도리는 없을까요?"

"고치는 것은 어려울 것 같습니다. 보스턴에 살고 있는 아나그너스 씨에게 소개장을 한 통 써드릴 테니 그리로 찾아가보시면 어떨까 합니다."

"그 분이 누군데요?"

"아나그너스 씨는 맹아들에게 지화법指話法으로 이야기를 할 수 있도록 가르치는 분인데, 대단히 성공적이라더군요. 그러니 그 분을 찾아가서 의논해보는 것이 좋지 않을까요? 잠깐만 기다리세요. 내가 소개장을 써드릴 테니."

벨 박사가 보여준 아나그너스 씨의 소개장 첫머리는 이렇게 되어 있다.

'보스턴 퍼킨스 맹아학교 학교장 아나그너스 귀하.'

이를 본 켈러는 가볍게 흥분하면서 물었다.

"이건 하우 박사가 가르쳤던 바로 그 학교 아닙니까?"

"맞습니다. 하우 박사가 세운 학교지요. 그 분이 죽은 후 지금은 아나그너스 씨가 교장을 맡고 있습니다."

켈러는 그 말을 듣자 길이 열리는 것 같기도 하고 한편 아쉬운 마음이 들기도 했다. 전에 아내가 하우 박사가 살아 있다면 헬렌도 좋은 교육을 받을 수 있었을 거라고 했던 말이 생각났기 때문이다.

켈러는 당장이라도 보스턴으로 달려가고 싶었다. 그러나 어린 헬렌에게 무리한 여행이 될까봐 일단 앨라배마의 집으로 돌아가기로 했다. 돌아오자마자 켈러는 아나그너스 교장에게 편지를 쓰고 벨 박사의 소개장과 함께 부쳤다. 편지의 내용은 간단했다.

제게는 듣지도 보지도 그리고 말하지도 못하는 헬렌이라는 딸아이가 있습니다. 아이는 이제 여섯 살입니다. 좋은 길을 찾고자 하여 이렇게 편지를 드립니다. 아무쪼록 도움을 주시기 바랍니다.

켈러는 지친 몸을 이끌고 다시 집으로 돌아왔다. 오랜 여행 끝에 아내와 헬렌도 몹시 지쳐 있었다.

보스턴에서 답장이 온 것은 그로부터 2주일이 지난 1886년 여름이었다.

당신의 딸 헬렌을 가르칠 만한 좋은 선생님이 한 분 계셔서 그곳으로 보내기로 하였습니다. 거리와 준비 관계로 시간이 걸릴 테니 조금만 기다려주시기 바랍니다. 그 분은 설리번 선생님입니다.

답장을 받은 후 켈러와 케이트는 무척 기뻐하며 하나님께 감사기도를 올렸다.

"오! 하나님, 정말 감사합니다."

"이제 우리 헬렌에게도 길이 열리게 되었어! 하나님, 정말 감사합니다."

이듬해 3월에 설리번 선생님이 도착하게 된다는 내용의 편지가 왔다. 이윽고 그날이 되었다.

"드디어 우리 헬렌의 선생님이 오시는 날이군."

켈러는 다른 날보다 일찍 일어나면서 부인을 향해 말했다.

"네. 선생님 성함이 설리번이라고 했죠?"

"응, 아주 젊고 깜찍한 아가씨라고 했어."

"오! 하나님, 가엾은 우리 헬렌에게 빛을 주세요."

케이트는 짧게 기도한 후 건넌방에 있는 가정부를 향해 큰 소리로 말했다.

"아줌마, 오늘은 좀 더 서둘러야겠어요. 귀한 식구가 오는 날이니 까요."

켈러 부부는 흥분되어 아침부터 집 안을 떠들썩하게 만들었다. 헬렌도 오늘 아침은 다른 날에 비해 들뜬 분위기를 느꼈는지 일찍 일어나서 두리번거렸다.

"우리 헬렌이 자기 선생님이 온다는 것을 알 수 있다면 얼마나 좋아할까!"

켈러 부부는 이런 소식을 알릴 도리가 없어서 안타깝기만 했다. 하지만 켈러 부부 또한 설리번 선생님이 오면 헬렌에게 말과 글 정도 가르쳐줄 것이라는 기대뿐, 하나님께서 그녀를 통해 아주 놀라운 일을 계획하고 계시다는 것은 생각지도 못했다.

바로 그 시각 앨라배마로 향하는 열차 안에는 여행 가방을 든 갓 스무 살이 되었음직한 젊은 아가씨가 타고 있었다.

"아가씨는 어디까지 가는 길입니까?"

"터스컴비아까지 갑니다."

"거긴 무슨 일로 가시죠?"

"한 아이를 가르치기로 했어요."

"가정교사 일을 하러 가는 거군요."

"네, 그래요."

"혹시 선생님은 아일랜드 계통인가요?"

"제 부모님이 아일랜드에서 오셨으니까 저도 그렇게 보이겠죠."

"이렇게 아름다운 딸을 두신 부모님은 무척 행복하겠습니다."

젊은 아가씨는 갑자기 얼굴이 어두워지면서 생각에 잠겼다.

'제 부모가 행복하겠다고요? 아니에요. 제 부모님처럼 불행한 분들은 없답니다.'

먼 아일랜드 땅에서 신대륙까지 건너와 일은 하지 않고 날마다 술만 마시다가 돌아가신 아버지, 자기와 곱사등이 동생을 먹여 살리느라 죽도록 일만 하다 세상을 떠나야 했던 어머니. 그리하여 고아원에서 자라야 했던 자신의 지난 삶이 주마등처럼 스쳐갔다. 하나뿐이던 동생마저 병이 들어 자선병원으로 옮겨졌다가 끝내 세상을 떠나버린 일이 아직도 가슴 한구석에 슬픔으로 자리 잡고 있었던 것이다.

한때는 눈병으로 인해 자신도 소경이 될 뻔한 적이 있었다. 그때 마침 벨 박사가 후원하던 퍼킨스 맹아학교에 입학하여 다니던 중 훌륭한 의사를 만나 수술을 받고 눈이 낫게 되었다. 이 아가씨가 바로 설리번 선생님이었다. 우연의 일치인지 그해는 헬렌이 태어났던 1880년이었다. 설리번은 그때 맹아학교에서 소경, 벙어리 아이들과 함께 공부하면서 불쌍한 아이들을 위해 평생을 바치기로 결심했다.

또한 그녀는 《미국의 기행》에 나오는 로올 부리지면 양과 같은 집에 살면서 소경인데다가 벙어리인 이 소녀를 하우 박사가 훌륭하게 가르쳐 큰 성과를 거두는 것을 자기 눈으로 직접 보는 놀라운 경험을 했다. 이 일은 훗날 그녀가 헬렌을 가르치는 데 큰 도움이 되었다.

설리번은 퍼킨스 맹아학교에서 6년 동안 공부한 후 1886년 여름에 졸업했다. 그 무렵 아그너스 교장으로부터 헬렌의 가정교사 일을 부탁받게 되었던 것이다.

"헬렌은 내가 벨 박사로부터 부탁받은 아이입니다. 설리번 선생님처럼 침착하고 참을성 있는 분은 틀림없이 이 아이를 훌륭하게 가르칠 수 있다고 확신했습니다. 그래서 당신을 추천했습니다. 이 일은 비단 한 아이를 구하는 길만이 아니고 온 인류를 위해 우리가 마땅히 해야 할 사업의 하나라고 생각합니다. 그러니 이 일을 하나님의 뜻으로 알고 받아주셨으면 합니다."

이 말을 듣고 한참 생각하고 난 설리번은 대답했다.

"선뜻 용기가 나는 것은 아니지만 교장 선생님의 청이니 받아들이겠어요. 하나님이 함께하신다면 어떤 어려운 일도 해낼 수 있으리라 믿어요."

설리번은 그때부터 이듬해 2월까지 헬렌의 교육을 위해 열심히 준비하며 공부했다. 그리고 헬렌을 만나기 위해 터스컴비아로 출발했다.

그녀가 탄 열차가 기적을 높이 울리면서 터스컴비아 역에 도착했다. 켈러 부부는 벌써부터 나와서 기다리고 있었다. 열차가 완전히 멎자 잠시 후에 날씬한 한 아가씨가 커다란 여행 가방을 한쪽 손에 들고 내리더니 이내 개찰구를 빠져나왔다.

"저, 설리번 선생님이시죠?"

"네, 그렇습니다."

"오, 반갑습니다. 선생님을 마중 나온 헬렌의 아버지 켈러입니다. 이쪽은 어머니 케이트고요."

"마중을 나와주셔서 정말 감사합니다."

그들은 처음 보는 사이인데도 마치 오래 전부터 다정하게 지내왔던 사람들처럼 한참 동안이나 손을 잡고 놓을 줄 몰랐다. 역에서 켈러의 집까지는 미리 대기하고 있던 마차를 타고 왔다. 마차에서 보는 전원의 풍경들은 아름답기만 했다.

'그래, 헬렌을 저 전원처럼 아름다운 사람으로 만들어주어야지.'

그 사이에도 설리번은 몇 번이나 그런 생각을 했다. 이윽고 마차가 집까지 도착했다.

"여기가 우리 집입니다. 사람들 모두가 우리 집을 '푸른 담쟁이 집'이라고 부른답니다."

켈러가 먼저 내려 설리번을 안내하면서 말했다.

"아늑하고 아담한 집이군요. 그런데 헬렌은 어디 있죠?"

설리번은 맨 먼저 헬렌을 찾았다. 그녀의 관심은 집이 아니라 헬렌이었다. 그녀는 헬렌이 어떤 아이인지 궁금해 가슴이 두근거릴 지경이었다.

"마침 저기 있군요. 현관 뜰 앞에 앉아서 놀고 있는 아이가 우리 헬렌입니다."

헬렌은 여느 때처럼 마아트와 함께 놀고 있었다. 케이트가 이어 말했다.

"아마 헬렌도 오늘 귀한 분이 올 거라고 짐작했을 거예요."

설리번은 부인의 소리를 듣는 둥 마는 둥 하고 얼른 달려가 헬렌의 두 손을 덥석 잡고 끌어안았다. 바로 이때였다. 헬렌은 깜짝 놀란 듯 벌떡 일어나면서 설리번을 냅다 떠밀어버리는 것이었다.

"앗!"

설리번은 하마터면 뒤로 나자빠질 뻔했다. 낯선 사람이어서 무척 놀랐던 모양이다. 헬렌은 느낌이 예민해서 옷깃만 만져보고서도 아버지와 어머니를 알 수 있었기 때문에 낯선 사람 역시 금방 알아낼 수 있었던 것이다.

"헬렌, 이제부터 네 눈이 되어주고 귀가 되어주실 선생님이 오셨단다. 자, 함께 방으로 들어가자꾸나."

아버지 켈러는 얼른 헬렌을 번쩍 안고 안으로 들어가면서 말했다. 설리번은 헬렌이 무척 까다로운 아이라고 느껴져 은근히 걱정이 되었다.

피눈물 나는 교육

모두 자리에 앉은 후 케이트 부인이 말했다.

"우리 헬렌은 보기와는 달리 심술이 많답니다. 자기 마음에 맞지 않으면 마구 달려들고, 물건까지 던지곤 해요."

"몸이 불편하니까 충분히 그럴 수 있지요. 맹아학교에 다니는 아이들도 마찬가지랍니다."

설리번은 이미 다 알고 있다는 듯 대꾸하고 나서 다시 한 번 헬렌의 손을 꼭 잡아주었다. 마치 옛날 그리스 조각품처럼 오뚝 솟은 콧날, 인형처럼 꼭 다물고 있는 입술, 금발 머리카락으로 가려져 있는 이마, 일곱 살 아이라고는 볼 수 없는 단단한 몸매, 어떤 위엄마저 깃들어 있는 듯한 윤곽과 선이 뚜렷한 얼굴, 어디 하나 나무랄 데 없는 아이였다.

그러나 불쌍하게도 영혼이 깃들어 있지 않은 인형처럼 보이는 것은 어쩔 수 없었다. 헬렌은 달라진 분위기가 무척 재미있다는 듯 팔을 내두르더니 금방 설리번의 가방을 끌어당겼다.

'저건 이 집에 손님이 올 때마다 트렁크 속에 헬렌에게 줄 캔디를 담아왔기 때문일 거야.'

그렇게 생각한 설리번은 곧 헬렌에게 그 가방 속에 캔디가 들어 있다고 손짓으로 알려주었다. 그러자 헬렌은 금방 뜻을 알아차리고 어머니를 향해 빨리 사탕을 꺼내달라고 몸을 흔들면서 졸랐다.

"선생님, 어떻습니까? 이런 아이도 가르칠 수 있을까요?"

조바심을 떨칠 수 없었던 켈러가 물었다.

"물론이죠. 이보다 더 심한 아이에게서도 훌륭한 효과를 거둔 것을 보았습니다. 하지만 무엇보다도 모든 것을 하나님께 맡기는 지혜가 필요하다고 생각합니다. 하나님은 언제나 우리 생각보다 뛰어난 일을 손수 행하시는 분이니까요."

헬렌을 처음 만난 날, 설리번은 여러 가지 생각 때문에 밤늦도록 잠을 이루지 못했다.

'헬렌은 가련하게도 이제껏 어둠 속에서 자라왔구나. 저 어린 영혼은 지금 얼마나 초조할까. 태어난 지 6년이 되도록 마치 벌레처럼 맛과 냄새와 접촉만으로 살아왔으니 말이야. 저런 아이에게 큰 행복을 안겨줄 수 있다면 그보다 더 보람된 일이 어디 있겠는가. 이제부

터 저 아이를 위해 모든 노력을 다해야지.'

이튿날이었다. 설리번은 헬렌에게 주려고 가져온 인형을 꺼내어 손에 들려주었다. 헬렌은 뛸 듯이 기뻐하면서 인형을 가슴에 꼭 껴안았다. 이때 설리번은 헬렌의 한 손을 잡고 손바닥에다 손가락으로 '인형'이라고 썼다.

"…?"

헬렌은 무슨 뜻인지 몰라 어리둥절해했다. 그때까지 헬렌은 글자라는 것이 있는 것조차 까맣게 모르고 있었기 때문이다. 설리번은 헬렌이 안고 있는 것이 '인형'이라는 것을 알 수 있도록 몇 번이고 글자를 되풀이하여 써주었다.

이런 일을 계속하던 어느 날이었다. 드디어 헬렌은 자기 손에 들고 있던 인형을 가리키면서 설리번의 손바닥에다 자기 손가락으로 '인형'이라고 썼다.

"오, 하나님…."

이때 설리번은 어찌나 기뻤는지 눈물까지 흘렸다. 이런 일을 알고 나서 누구보다도 기뻐한 또 다른 사람은 켈러 부부였다.

"그게 정말입니까?"

"그럼요. 한번 보세요."

설리번은 헬렌더러 자기 손바닥에 다시 한 번 글자를 쓰도록 했다. 이를 본 켈러 부부는 더욱 감격했다.

"오, 참으로 놀라운 일입니다. 우리 헬렌을 가르칠 분은 선생님밖에 없어요."

설리번은 인형이라는 글자를 가르치고 나서 힘을 얻은 후 같은 방법으로 부지런히 헬렌을 가르치기 시작했다. 설리번은 헬렌이 케이크를 좋아하는 것을 알고 이번에는 '케이크'라는 글자를 가르쳐주기로 했다. 그러고는 케이크를 사다가 헬렌의 손에 쥐어주었다. 그러자 헬렌은 재빨리 케이크를 먹기 시작했다. 설리번은 이때를 놓치지 않고 곧 헬렌의 손바닥에다 '케이크'라고 써주었다. 몇 번을 되풀이하자 헬렌은 전보다 더 빨리 설리번의 손바닥을 끌어내어 거기다가 '케이크'라고 써보였다.

'이번에는 케이크가 없이 써보도록 시켜보자.'

설리번은 그렇게 생각하고 손짓으로 시켜보았다. 그러나 아무리 시켜도 그 뜻이 헬렌에게 통하지 않았다. 몇 번이나 다시 시켜보려고 하자 이번에는 헬렌이 화를 내면서 벌떡 일어나더니 설리번을 마구 떠미는 것이 아닌가. 그리고 예전처럼 또 괴상한 소리를 지르면서 울었다.

'정말 쉽지 않구나.'

그래도 설리번은 실망하지 않고 여러 날을 반복하여 얼마 후에는 '케이크'를 써내는 일을 성공시켰다.

다음엔 헬렌에게 상대방의 의사를 제대로 알아차릴 수 있도록 생각한 후 행동하는 방법을 가르치기로 했다. 먼저 '인형'이라는 글자를 복습시킨 후 손을 잡고 아래층을 가리켰다. 그러자 헬렌은 계속 몸을 흔들었다.

설리번은 헬렌이 이를 알아듣지 못해서 그런 것이라 생각했으나 얼마 후에야 아래층에 내려가기 싫다는 뜻임을 알아냈다. 이때 설리번은 케이크를 헬렌의 손에 들렸다가 빼앗으면서 아까처럼 '인형'

이라는 글자를 쓰고 손짓으로 아래층을 가리켰다. 헬렌이 아래층에 가서 인형을 가져와야만 케이크를 주겠다는 뜻이었다.

헬렌은 몇 번이나 머뭇거리더니 아무래도 케이크를 먹지 않고서는 견딜 수 없다는 듯 아래층으로 내려가서 인형을 가져왔다.

'그래, 노력하면 안 되는 일이 없는 거야.'

설리번은 다음엔 헬렌에게 '순종'이라는 행동을 가르치기로 했다. 무엇보다도 어려운 것은 나이프와 포크를 들고 음식을 먹게 하는 일이었다. 그때까지만 해도 헬렌은 무슨 음식이 어디에 담겨 있든지 아랑곳하지 않고 마구 손으로 집어먹었다.

켈러 부부는 이런 버릇을 고쳐보려고 애썼으나 번번이 헛일이었다. 헬렌은 나이프와 포크가 손에 잡히기만 하면 그대로 마룻바닥에 내동댕이쳐버렸기 때문이다. 설리번은 이런 나쁜 버릇부터 고쳐보리라 결심하고 먼저 케이트 부인과 상의했다.

"부인께 이런 말씀을 드려야 할지 모르겠습니다만, 헬렌에겐 지금 어떤 공부보다도 나쁜 습관을 고치는 게 먼저라는 생각이 들어요."

켈러 부부가 설리번에게 헬렌을 대할 때 좀 더 부드럽게 해줄 수 없느냐는 제의를 한 것 때문에 이렇게 양해를 구했던 것이다.

"물론 그래야죠."

케이트 부인은 말을 이었다.

"하지만 헬렌이 너무나 불쌍해요. 저도 선생님이 가르치는 방법이 옳다고 생각하면서도 아이가 가끔씩 싫어하는 모습을 보면 언짢은 마음이 들거든요."

설리번은 변명하고 있는 케이트의 심정을 충분히 이해했다. 그러나 케이트가 어머니로서 당연히 가질 수 있는 심정에만 맞추려 든다면 헬렌을 교육하는 일은 어려울 수밖에 없었다. 설리번은 엄숙한 표정을 지으면서 말했다.

"부인의 마음을 충분히 이해해요. 그렇지만 저는 선생으로서 불구자라고 하여 다른 아이들보다 뒤떨어진 아이로 만들고 싶지는 않아요. 불구자이기 때문에 다른 아이들보다 더 훌륭하게 길러보고 싶습니다."

"너무 심한 야단만 치지 말아주세요. 저 애는 아직 그런 일을 겪어본 적이 없거든요."

설리번은 케이트와 다소 의견 차이가 있었지만 그렇다고 자기의 태도를 바꿀 수는 없었다.

"염려하지 마세요. 헬렌을 기어코 훌륭하게 만들겠어요."

그날 저녁 식탁에서였다. 헬렌은 언제나처럼 손으로 빵을 집으려고 했다. 이때 설리번은 재빨리 막으면서 빵을 집지 못하게 한 다음 나이프와 포크를 들려주었다. 잠시 어리둥절하던 헬렌은 들려준 것을 던져버리고 손으로 다시 빵을 집으려 했다. 이때도 설리번은 손으로 막았다. 한참 동안이나 실랑이가 벌어지자 이를 보다 못한 켈러 부부는 더 보기가 딱하다는 듯 아무 말 없이 밖으로 나가버렸다.

'안 돼. 가엾은 아이라고 하여 제멋대로 하게 놔두었기 때문에 이렇게 된 거야.'

설리번은 거듭 다짐하고 헬렌의 손에다 다시 나이프와 포크를 들려주면서 그것으로 빵을 잘라서 찍어먹도록 손짓으로 가르쳤다. 몇 번이나 되풀이해도 막무가내였다. 그러다가 마침내 헬렌은 바닥에 눕더니 뒹굴면서 괴상한 소리로 울어버리는 것이 아닌가. 설리번은 모른 척하고 혼자서 음식을 들었다. 한참 동안 울다 지친 헬렌은 이윽고 조용히 일어나더니 설리번의 몸짓을 손으로 더듬어보았다. 이때 설리번은 자기가 나이프와 포크를 가지고 음식을 먹고 있다는 것을 알렸지만 헬렌이 또 손으로 빵을 집으려 하자 다시 한 번 헬렌의 손을 막았다. 그러자 헬렌은 더 큰 소리를 치면서 이번에는 설리번의 팔을 이로 마구 물기 시작했다.

설리번은 잠시 당황했지만 이런 때일수록 더욱 침착해야 한다고 생각하며 냉정한 태도를 보였다. 이런 일을 며칠 동안 계속하고 나서야 마침내 헬렌이 스푼을 가지고 음식을 먹도록 만드는 일을 성공시킬 수 있었다.

이런 성과를 거둔 후 설리번은 아나그너스 교장에게 다음과 같은 내용의 편지를 보냈다.

저는 헬렌에게 글자나 식사 예절을 가르치는 것보다 사람에게 가장 필요한 사랑과 순종을 가르치려고 애쓰고 있습니다. 이런 일이 얼마나 피나는 노력이 필요한 것인지 아마 경험해보지 못한 사람은 도저히 이해하기 어려울 것입니다. 저는 그동안 헬렌에게 여러 차례 물어뜯기기도 했습니다. 그때마다 제 방으로 돌아와 얼마나 울었는지 모릅니다. 또한 헬렌 부모의 언짢은 표정이 얼마나 제게 괴로움을 안겨주었는지 모릅니다. 하지만 한 가지씩 변화되어가는 헬렌의 모습을 보면 그렇게 기쁠 수가 없답니다.

이제까지 들짐승처럼 멋대로 자란 헬렌에게 순종을 가르치는 일은 참으로 어려웠다. 어떤 때는 닥치는 대로 물건을 집어던지면서 무섭게 반항했다. 그래도 설리번은 조금도 뜻을 굽히지 않고 참고 기다리면서 순종하는 태도를 가르쳤다.

그후로 설리번은 헬렌에게 바늘과 실을 이용해 헝겊을 꿰매는 일, 유리구슬을 실에다 꿰는 일, 귀바늘로 뜨개질을 하는 법을 가르쳤다. 처음부터 능숙함을 기대하기는 어려웠다. 그래도 설리번은 포기하지 않고 끈질기게 헬렌을 붙들고 반복에 반복을 거듭하며 가르쳤다. 그러다가 힘겨우면 조용히 무릎을 꿇고 하나님께 기도했다.

"하나님, 헬렌을 가르치기가 너무나 힘듭니다. 그럴 때마다 예수님께서 우리 때문에 고통을 당하신 일과 또 한 사람의 생명이 온 천하보다 귀하다는 말씀을 생각하면서 어려움을 이겨나갈 수 있도록 해주세요. 때론 실망도 되지만 용기를 가지고 하늘나라의 상급을 바라보며 끝까지 견딜 수 있게 붙들어주세요."

이렇게 기도한 결과, 처음에는 몹시 거칠고 억세기만 하던 헬렌도 날이 갈수록 풀이 꺾이기 시작했다. 가령 떼를 쓰느라고 누워서 발버둥을 쳐도 받아주거나 달래지 않고 그냥 내버려두었다. 그러면 제풀에 지쳐서 그치곤 했다. 전에는 헬렌이 떼를 쓰면 켈러 부부가 금방 안아 일으켜 달래주었기 때문에 떼를 쓰며 고집을 피우는 것이 정당한 일인 양 막무가내였다. 하지만 설리번과 생활하면서 헬렌은 무조건 자신의 요구를 관철시키려는 것이 무의미하다는 것을 알게 되었다.

시간이 지나면서 설리번의 노력은 조금씩 결실을 맺기 시작했다.

어느 날, 손으로 더듬어 부지런히 유리구슬을 실에다 꿰고 있던 헬렌은 그것이 방의 길이만큼 길어지자 자기가 해낸 일이 얼마나 기뻤든지 몸을 들썩이면서 두 손으로 자기의 가슴을 두들겨대더니 느닷없이 설리번의 품에 안겨 두 볼을 비비는 것이었다.

"오, 하나님 으흐흑…."

설리번은 감격하여 기쁨의 눈물을 흘렸다.

새로 열리는 세상

　　　　　　　　　　　'감정이라고는 없는 아이처럼
보이던 헬렌이 자기의 사랑을 표현하다니 정말 놀라워.'
　확실한 가능성을 발견한 설리번은 기대감에 흥분되었다. 헬렌이
자기 품에 안기던 그때의 감격을 설리번은 아나그너스 교장에게 다
음과 같이 써 보냈다.

　　교장 선생님, 이것은 기적이라고밖에 말할 수 없습니다. 들짐승처
　　럼 아무런 감정이 없고 마치 고집으로만 똘똘 뭉쳐진 아이처럼 보
　　였던 헬렌에게서 사랑을 나타내는 행동이 보이니 말입니다. 정말
　　기적 같은 순간이었어요. 헬렌이 제 품에 안겨서 두 볼을 비벼댈
　　때, 저는 하늘이 열리면서 천사들이 내려와 저를 감싸주는 것 같은
　　큰 기쁨을 맛보았답니다. 그때부터 헬렌은 자주 제 볼에 입을 맞추

고 무릎 위에 올라앉아 재롱도 피우곤 해요. 이럴 때면 저는 지금까지의 힘들었던 순간들을 깡그리 잊곤 한답니다.

켈러 부부도 설리번의 교육 방법에 감탄하면서 아무것도 간섭하지 않고 모든 것을 맡겼다. 이렇게 교육을 받던 헬렌은 겨우 한 달 만에 '바늘, 모자, 컵' 등 여러 가지 물건 이름과 '앉다, 서다' 등의 동사를 배우게 되었다.

그러던 어느 날이었다. 헬렌이 인형을 욕조에 넣고 목욕을 시키고 있는데 문득 개 냄새를 맡게 되었다. 그러자 헬렌은 인형을 그대로 팽개쳐두고 밖으로 뛰쳐나갔다. 이때 설리번은 아더 켈러와 함께 헬렌의 행동을 지켜보았다. 밖으로 나간 헬렌은 개를 찾아 자기 곁에 앉히더니 자기 손바닥에다 '인형'이라고 쓰는 것이 아닌가.

"저게 무슨 짓이죠?"

켈러가 설리번에게 물었다.

"헬렌이 지금 개한테 '인형'이라는 글자를 가르쳐주고 있잖아요."

"아니 세상에! 개가 자기와 같은 존재인 줄 아는 모양이군요."

켈러는 기특하면서도 측은히 여기는 표정으로 그렇게 말했다.

"며칠 전에는 인형에게 우유를 먹이려고 했었죠."

"그래서요?"

"그런데 아무리 먹이려고 해도 인형이 말을 듣지 않자 헬렌이 인형을 엎어 놓고 등짝을 마구 때리는 것이었어요."

"하하, 참 우스웠겠군요."

이렇게 말하면서 켈러는 눈물을 글썽였다.

그해 4월의 어느 날이었다. 헬렌은 세수를 하다가 느닷없이 설리번의 몸을 끌어당기면서 물을 자기 손가락으로 가리켰다. '이것이 무엇이냐?'라는 질문이었다. 이때 설리번은 얼른 헬렌의 손바닥을 펴고 '물'이라고 썼다.

이때부터 헬렌은 무엇이나 손에 잡히는 것은 모두 설리번에게 물었다. 그때를 놓치지 않고 설리번은 하나하나 손바닥에 글씨를 써주었다. 헬렌은 이렇게 '책상, 유리창, 책, 잉크병, 대야, 지팡이, 상자, 접시, 스푼, 머리, 손가락, 마루, 땅바닥, 가방, 반지, 옷, 신발' 등의 이름을 하나하나 알아가게 되었다.

또한 '아버지, 어머니' 그리고 마아트는 '친구', 여동생 미들렛은 '아가', 가정부는 '아줌마'라고 써주었다. 그러자 헬렌은 느닷없이 설리번을 가리키면서 벌떡 누웠다. 이때 설리번은 재빨리 '선생님'이라고 써주었다.

그렇게 헬렌에게 새로운 세상이 열렸다. 모든 것은 제각기 이름을 가지고 있다는 것을 알게 되었고, 움직이지 않는 돌이나 컵뿐 아니라 살아서 움직이는 사람이나 개도 각자 이름이 있다는 것을 알게 되었던 것이다.

이때의 감격을 헬렌은 훗날 이렇게 말했다.

나는 문득 눈앞이 밝아지는 것 같아서 기쁨으로 일렁였습니다. 모든 것이 자기 이름을 가지고 있다는 것을 알게 되었을 때의 그 신선한 충격은 내 가슴을 마구 방망이질했습니다. 모든 사물이 살아 있는 생명체로 다가왔기 때문입니다.

한편 이때부터 나는 사람들이 볼 수 없는 것까지도 볼 수 있는 신비로운 마음의 눈을 뜨게 되었고, 부지런히 이름들을 익혔습니다. 그때마다 나의 세계는 그만큼 넓어져갔습니다. 무엇보다 나는 내가 '헬렌'이라는 이름을 가진 사람이라는 것을 알고 얼마나 감격했는지 모릅니다. 내가 배운 말들 가운데 가장 정겨운 것은 '아버지, 어머니, 동생, 선생님'이라는 가족들의 이름이었습니다. 이 이름들은 나로 하여금 이 세상을 아름다운 세계로 알고 살아가도록 만들어준 사람들의 이름이었습니다.

헬렌의 정신세계가 점점 열리는 것을 보고 누구보다도 기뻐한 사람은 선생님인 설리번과 부모인 켈러 부부였다. 이때의 일들을 설리번은 아나그너스 교장에게 이렇게 말했다.

"헬렌은 이것저것 사물들의 이름을 알고 나서 얼마나 기뻐하는지 제 목을 안고서 두 볼에다 번갈아가며 키스를 퍼부었습니다. 또 어떤 때는 침대에까지 다가와서 살며시 키스를 해주곤 한답니다. 그런 때면 저는 기뻐서 가슴이 벅차오른답니다."

맑은 날이면 설리번은 헬렌을 들로 데리고 나갔다. 그리고 그때마다 '냇물 이야기, 종달새 이야기, 언덕 이야기, 송아지 이야기, 들꽃 이야기, 나무 이야기' 등을 손가락으로 써서 들려주었다. 때로는 햇볕이 풀과 곡식을 자라게 하고 꽃도 피우고 열매를 맺게도 해준다는 이야기도 들려주었다.

어느 날이었다. 이웃집 사람이 헬렌에게 사탕 몇 개를 손에다 쥐어주었다. 헬렌은 사탕을 맛있게 먹고 나서 그중 한 개를 남겨두었다가 케이트가 들어오자 그것을 꺼내어 내밀면서 손바닥 위에다 이렇게 썼다.

"아기 사탕."

케이트는 감격한 나머지 눈물을 글썽이면서 헬렌의 손바닥 위에다 이렇게 썼다.

"아기는 사탕을 못 먹는단다."

케이트는 곧 헬렌의 손가락을 끌어다가 누워서 자고 있는 미들렛의 입 안에 대주면서 아기는 아직 이가 없기 때문에 먹지 못한다는 것을 알려주었다.

또 어느 날은 뜰에서 놀고 있던 헬렌이 들어오더니 설리번에게 자기의 다섯 손가락을 쫙 펴 보이며 이렇게 썼다.

"개 아기."

설리번은 잠시 어리둥절했다.

"얘가 뭘 만지고 이럴까, 혹시 개가 아기의 옷이라도 물어갔다는 얘긴가?"

설리번은 곧 헬렌의 손을 이끌고 뜰로 나갔다. 뜰에는 마침 그동안 집에서 기르고 있던 개가 얼마 전에 낳은 다섯 마리의 강아지들에게 젖을 먹이면서 누워 있었다.

"오라, 강아지들을 보고 헬렌이 '개 아기'라고 했구나."

설리번은 헬렌의 손가락 말을 알아듣고 얼른 헬렌더러 다시 강아지들을 만져보게 한 다음 손바닥에 '강아지'라고 써주었다. 헬렌은 개도 아기를 낳아 기르는 줄 알았다가 그것은 아기가 아니라 강아지라는 것을 알게 되었다.

　케이트는 설리번에게 물었다.

　"우리 헬렌이 정말 단어를 사용해서 이야기를 할 수 있게 될까요?"

　헬렌이 케이트의 손바닥에 '아기 사탕'이라는 단어를 쓴 일로 어떤 희망을 갖게 되었던 것이다.

　"그럼요. 우리도 어렸을 때는 다른 사람들의 이야기를 듣고 말을 배웠잖아요. 헬렌도 틀림없이 비슷한 방법으로 말을 할 수 있으리라 믿어요. 물론 그렇게 되려면 제가 끊임없이 헬렌의 손바닥에다 글자를 써서 이야기를 들려주어야 하겠지요."

　"저도 그런 생각이 듭니다. 상당한 시간이 걸리겠지만요. 어쨌든 선생님께서 많은 수고를 해주셔야겠습니다."

　"우리의 생각보다 더 빠를지도 모르죠. 헬렌은 워낙 영리한 아이니까요. 몇 마디만 익히면 그런 방법으로 다른 말들도 쉽게 익힐 것 아닙니까?"

　설리번은 자신감을 가지고 대답했다. 그리고 이런 계획을 좀 더 구체적으로 실행하기 위해 먼저 두꺼운 종이로 카드를 만들어 그 카드에다 점자로 헬렌이 벌써 알고 있는 '상자, 탁자, 아버지, 어머니, 헬렌' 등을 써넣었다.

　그런 후 카드들을 차례로 자세히 만져보게 했다. 그 점자들을 헬렌이 흥미롭게 만져보고 있는 동안 설리번은 헬렌의 손바닥에 그 뜻을 글자로 써서 가르쳐주었고 헬렌은 몹시 흥미진진하게 점자들을 배워갔다.

다음엔 카드에다 여러 가지 사물들의 이름과 함께 그것들의 성질, 그리고 '있다, 없다' 등의 존재를 나타내는 말, '움직인다, 멈춘다' 등의 동작을 나타내는 말도 점자로 표시하여 가르쳤다. 또 몇 개의 카드를 이용하여 단어와 서술어를 연결시켜 나가는 교육도 시작했다. 이는 부단한 노력과 인내를 요하는 일이었다. 꾸준한 노력으로 카드를 이리저리 맞춘 끝에 헬렌은 마침내 '소녀가 저기 있다'라는 말을 만들어내게 되었다. 이를 본 케이트는 감격하여 설리번의 손을 꼭 붙잡고 눈물을 흘렸다.

헬렌은 상당히 많은 말을 익히게 되었지만 그래도 심술이 날 때면 손에 잡힌 물건을 던져서 깨트리는 버릇은 여전했다. 어느 날, 그런 버릇으로 책상 위에 놓여 있던 꽃병을 던져 깨뜨리자 설리번은 얼른 손가락으로 헬렌의 손바닥에다, "헬렌 나빠, 선생님은 슬퍼요"라고 쓴 후 슬퍼서 울고 있는 자기의 얼굴 모양을 직접 손으로 만져보게 했다. 그러자 헬렌이 금방 따라서 우는 것이었다. 그러고는 설리번의 손에다 이렇게 썼다.

"헬렌, 나쁜 사람."

얼마 후에 설리번은 헬렌의 마음을 바꾸도록 만들기 위해 꼭 껴안고 머리를 쓰다듬어주면서, "헬렌, 착한 사람" 하고 쓰고는 곧 기뻐서 웃는 자기의 얼굴 모양을 헬렌의 손으로 만져보도록 했다. 그러자 헬렌의 우울한 표정이 점점 밝아지더니 다음과 같이 쓰는 것이었다.

"착한 헬렌."

어느 날은 발목을 삐고 나서 절름거리며 다가서더니 이렇게 쓰기도 했다.

"헬렌, 발 울어요."

비록 서투른 표현들이었지만 헬렌은 자신의 감정을 표현하기에 적극적이었고, '나쁘다, 착하다, 운다, 웃는다' 등의 뜻과 표정, 그리고 '싫다, 좋다, 크다, 작다' 등의 뜻까지도 알아가게 되었다. 이런 훈련을 통해 헬렌은 자기의 마음을 제법 문장으로 표현할 수 있게 되었다. 어떤 때는 어순이 맞지 않거나 엉망인 문장을 늘어놓기도 하여 뜻을 언뜻 파악하기 어려웠다. 그럴 때마다 설리번은 잘못된 곳을 고쳐주었고, 헬렌의 실력은 점차 향상되어갔다.

설리번은 퍼킨스 맹아학교에 편지를 보내 점자책 몇 권을 구할 수 있었다. 그 책을 통하여 헬렌은 더욱 많은 말을 쓰고 읽을 수 있게 되었다. 또 브라이유 점자도 가르쳤다. 브라이유 점자는 소경이었던 후이스 브라이유가 만든 것인데 구멍이 한 개면 A, 구멍이 둘이면 B, 구멍이 셋이면 C, 이런 식으로 구멍의 숫자로 알파벳을 읽게 한 것이었다. 브라이유 점자는 기존의 점자보다도 훨씬 빠르게 읽을 수 있는 장점을 가지고 있었다.

헬렌은 총명했기 때문에 그런 점자도 쉽게 익혔다. 설리번은 헬렌에게 점자 읽는 방법만 가르치는 것에 그치지 않고 그 점자를 손수 쓰는 일도 가르쳤다. 그것은 철필로 두꺼운 종이에다 구멍을 뚫어 글자를 만드는 방법이었다. 이런 방법은 자신이 직접 글자를 쓰면서 익히는 것이었기 때문에 헬렌이 공부하는데 큰 도움이 되었다. 이런 결과는 설리번뿐만 아니라 아버지 켈러와 어머니 케이트에게도 더

할 수 없는 기쁨을 주었다.

"오! 선생님 정말 훌륭해요. 이 감격을 어떻게 표현할 수가 없군요."

딸의 놀라운 발전을 보게 된 아더 켈러는 설리번에게 말했다. 그러나 설리번은 겸손하게 말했다.

"물론 제가 그동안 헬렌을 위해 애써 온 것은 사실이에요. 몇 번이고 포기하고 싶을 정도로 절망스러울 때도 있었지만, 헬렌이 이만큼 성장할 수 있었던 것은 절대로 저의 노력만이 아닙니다. 하나님의 도우심이 없었다면 불가능했을 것입니다. 모든 것이 하나님의 은총입니다."

사랑이란 무엇일까

　　　　　　　　　어느새 여름이 되었다.

설리번은 거의 매일 헬렌을 데리고 들로 나갔다. 테네시 강가의 자
갈밭에 앉아서 자연의 이치와 움직임 등을 친절하고 세밀하게 들려
주면 헬렌은 새로운 세계를 만난 듯 아주 좋아했다.

　이럴 때 설리번은 '태양은 지금 어떻게 떠 있는가, 비는 어떻게
내리게 되는가, 그것이 어떻게 많은 풀과 곡식들과 나무들을 자라게
하는가, 새들은 어떻게 집을 짓고, 짐승들은 어떻게 먹이를 찾으며
잠을 자는가'와 같은 일들을 헬렌에게 자세히 가르쳐주었다.

　또 자연이란 얼마나 아름다운 것인가도 알려주었다. 이때 설리번
은 그 아름다움을 알려주기 위해 자연은 마치 동생 미들렛의 고사리
손과 같다고 써주었다. 그러자 헬렌은 입을 크게 벌리면서 무척 감
탄하는 표정을 지었다.

그러던 어느 날이었다. 헬렌은 자연이란 아름답기도 하지만 때로는 무서운 것이라는 사실을 경험을 통해 알게 되었다. 그날도 여느 때와 다름없이 설리번은 헬렌과 언덕으로 소풍을 나갔다. 한낮이 되자 햇볕이 무척 따가웠다. 그래서 언덕에 있는 나무 그늘에 앉아 헬렌에게 이것저것을 가르쳐주었다. 그때 문득 이런 생각이 들었다.

'시원하고 경치 좋은 이곳에서 점심을 먹는다면 헬렌이 더욱 기뻐할 거야. 정말 멋진 소풍이 되겠는걸.'

그 뜻을 알리자 헬렌도 무척 좋아했다. 설리번은 곧 헬렌을 말에 탄 것처럼 나뭇가지 사이에 앉혀 놓고 집으로 내려갔다.

잠시 후였다. 갑자기 하늘이 어두워지기 시작하더니 강한 바람이 먹구름과 함께 소나기를 몰고 오는 것이 아닌가.

"쏴… 쏴…."

눈 깜짝할 사이에 사방은 먹구름과 바람과 소나기에 덮이고 천둥소리가 땅을 뒤흔들었다.

"콰당 탕 콰르릉…."

헬렌이 앉아 있던 나무는 금방 쓰러질 듯 기우뚱거렸다. 헬렌은 혼자 두려움에 떨어야만 했다. 벙어리였기 때문에 소리칠 수도 없고, 소경이어서 뛰어내릴 수도 없었다. 몸이 소낙비에 젖기 시작하자 헬렌은 어찌할 바를 몰랐다.

누구보다 놀란 사람은 설리번이었다. 설리번은 부엌에서 점심을 챙겨서 나오다가 갑자기 쏟아지는 소나기에 놀라 손에 든 것을 팽개치고 허둥지둥 언덕으로 달려갔다. 설리번이 도착했을 때 헬렌은 얼굴이 새파랗게 질린 채 꺾어질 듯 흔들리고 있는 나무를 꼭 붙잡고 있었다. 헬렌은 설리번이 자기를 끌어내리는 기척을 알고 나서야 재빨리 그녀의 가슴으로 안겨들었다. 그리고 설리번의 손바닥에 글자를 썼다.

"무서워."

선생님도 헬렌의 손에다 글자를 써주었다.

"폭풍이야, 이제는 염려 없어."

헬렌은 생전 처음으로 자연의 힘이 무섭다는 것을 경험했다. 헬렌은 그때의 일을 훗날 이렇게 기록했다.

> 나는 그때 하마터면 공중으로 날아갈 뻔했습니다. 그래서 나는 죽을힘을 다해 나무에 매달렸습니다. 그때 위에서는 바위 같은 무거운 것이 땅으로 떨어져 내리는 것 같았고, 그런 때면 땅까지 흔들렸습니다. 나뭇가지들은 사정없이 내 몸을 후려갈겼습니다. 나는 뛰어내려보려고도 했지만 무서워서 그럴 수조차 없었습니다. 이제 죽었구나 싶어 공포에 부들부들 떨고 있는데 그때 마침 설리번 선생님이 오셔서 나를 구해주었습니다. 나는 즉시 선생님의 품으로 파고들었습니다. 그제야 나는 자연이란 때로는 굉장히 무섭다는 것을 알게 되었습니다.

헬렌이 그런 악몽을 겪은 것은 1887년 6월 16일이었고, 설리번이 가정교사로 온 지 103일째 되는 날이었다.

헬렌이 글자를 배우기 시작한 지 넉 달째 되던 날, 처음으로 편지를 쓰게 되었다. 물론 손가락 글씨로 쓴 것을 설리번이 받아 쓴 것이었는데 이 편지를 받아본 사람은 사촌인 조지였다.

조지는 헬렌 보고 싶지요. 사과도 주고 싶지요. 헬렌 캔디 있습니다. 어머니 미들렛 예뻐하지요. 새 옷도 주고 웃지요.

조지에게 헬렌.

이후 헬렌은 얼마 동안 설리번과 함께 할머니 댁에서 지내게 되었다. 그때 헬렌은 어머니에게 이런 편지를 써 보냈다.

헬렌, 어머니에게 키스합니다. 선생님도 헬렌에게 키스해주었습니다. 조지 다쳐서 아픕니다. 할머니 모자 사주었습니다. 차장 차표 주었습니다.

어머니에게 헬렌.

전에 조지에게 쓴 것에 비하면 어머니에게 쓴 것은 문장도 길어지고 꽤 잘 쓴 것이었다. 헬렌은 놀라운 속도로 여러 면에서 발전해가고 있었다.

그해 여름은 전에 없이 무더운 날씨가 계속되었다. 헬렌은 셔츠만 입고 점자책을 읽곤 했는데 그날도 헬렌은 책을 읽다가 설리번에게

다가서더니 손바닥에다 이렇게 썼다.

"해는 나쁜 아이, 어서 침대로 가서 자요."

어느 날 설리번은 헬렌으로 하여금 닭이 알을 부화하는 것을 만져 보게 했다. 순한 어미 닭 덕분에 헬렌은 손등을 쪼이지 않고 병아리 가 알에서 나오는 과정을 손으로 만져볼 수 있었다.

그런 후에 헬렌은 설리번의 손을 끌고 돼지우리 앞으로 갔다.

"돼지들이 들어 있는 알은 어디에 있어요?"

설리번은 어떻게 설명해야 할지 몰라 잠시 당황하다가 이렇게 알 려주었다.

"닭은 알에서 나오지만 돼지는 새끼를 낳지요."

오래지 않아 헬렌은 자기의 뜻을 거의 정확하게 표현했다. 무슨 일을 하다가 혹시 잘못하면 이렇게 썼다.

"선생님, 틀려서 슬프지요?"

또 인형과 함께 놀고 싶으면 이렇게 썼다.

"헬렌, 인형 예뻐해줄래요."

설리번은 헬렌과 함께 있는 동안 잠시도 쉬지 않고 온갖 물건들의 이름과 뜻과 움직임 등을 손가락으로 가르쳐주었다. '빨리, 천천히, 좁다, 넓다, 목마르다, 배부르다, 크다, 작다, 세모, 네모, 두껍다, 엷 다, 달다, 쓰다, 얕다, 깊다' 등 눈앞에 보이는 대로 설명해주었다.

헬렌은 옷차림에도 관심을 가졌다. 비록 자기는 볼 수 없으면서도 자주 머리카락을 매만지고 옷깃을 여몄으며, 단추가 하나라도 끼워 있지 않으면 즉시 고쳐 끼우는 깔끔한 성격이었다.

어느 날 설리번은 생각했다.

'물건들의 모양이나 이름을 가르치는 일만으로는 헬렌의 마음과 정신을 훌륭하게 길러줄 수 없다. 가장 중요한 것은 다른 사람에게도 존경받을 수 있을 만큼 마음과 정신이 아름다워져야 하는 것이 아닌가.'

정말 그랬다. 물건들의 이름을 알려주기는 쉬운 일이었다. 그러나 손으로 만져볼 수 없는 세계를 알려주기는 쉬운 일이 아니었다. 설리번은 훌륭한 생각과 뜻, 아름다운 정신과 마음, 선한 일과 그 가치 등을 가르치기로 다짐하고 많은 노력과 시간을 투자했다.

～

어느 날 아침이었다. 뜻밖에 한바탕 소란이 벌어졌다. 무슨 일 때문인지 헬렌이 마구 울부짖고 물건들을 냅다 집어던지는 소리가 요란하게 들려왔다.

지난 몇 달 동안 헬렌은 설리번의 노력으로 아무 탈 없이 잠잠하게 지냈다. 누가 봐도 달라진 것이 보였다. 그러나 예전의 사납고 거친 성격은 아주 없어진 것이 아니라 잠들어 있었던 것이다.

설리번은 재빨리 아래층으로 내려갔다. 헬렌이 흑인 가정부인 버어니에게 달려들어 마구 물어뜯고 차고 때리면서 마치 미친 사람처럼 날뛰고 있었다.

"왜 그러세요. 아줌마?"

설리번이 이유를 묻자 버어니는 무척 화난 표정으로 대답했다.

"글쎄 헬렌이 유리컵 안에다 자갈을 넣고 흔들어 대지 않겠어요."

"그래서요?"

"컵이 깨질까봐 빼앗았더니 저 야단이에요."

"좋게 달래야죠."

"좋게 달래면 그냥 안 줄 거예요."

버어니는 말을 듣지 않은 헬렌의 손을 조금 때린 모양이었다. 설리번이 헬렌의 손을 잡자 헬렌은 그녀의 가슴에다 얼굴을 파묻더니 흐느껴 울었다. 그런 다음 선생님의 손바닥에 쓰는 것이었다.

"아줌마 나빠."

그래도 헬렌은 화가 풀리지 않았는지 어깨를 들먹이면서 다시 울음을 터뜨리더니 또다시 버어니에게 달려드는 것이 아닌가.

"자, 어서 들어가세요."

설리번은 먼저 버어니를 방으로 들여보내고 헬렌을 끌다시피 하여 위층으로 데리고 올라갔다. 헬렌은 한참 동안 울더니 얼마쯤 지나자 다가와 키스를 하려고 했다. 설리번은 헬렌을 조금 밀어내면서 손바닥에다 이렇게 써주었다.

"선생님은 마음이 나쁜 아이에게는 키스 안 합니다."

"헬렌 안 나빠, 아줌마 나빠."

설리번은 다시 썼다.

"아냐, 헬렌이 나빠. 아줌마가 다쳤어요. 그래서 키스 안 해요."

헬렌은 한참 동안 잠자코 서 있더니 난처한 표정을 지으며 시무룩해졌다. 그러고는 생각에 깊이 잠기는 것 같았다.

그날 저녁식사 때였다. 설리번이 아무것도 먹지 않는 것을 알게 된 헬렌은 걱정이 되었는지 이렇게 써보였다.

"아줌마에게 커피 달라고 해요."

"나는 너무 슬퍼서 아무것도 먹고 싶지 않아요."

그러자 헬렌은 설리번에게 매달리면서 다시 훌쩍거리기 시작했다. 설리번은 헬렌의 어깨를 다독이면서 물었다.

"헬렌, 이제부터 착한 아이 되겠어요?"

그러자 헬렌은 곧 고개를 끄덕이며 이렇게 썼다.

"네, 헬렌 착해질래요. 아줌마에게 미안해요."

설리번은 헬렌을 꼭 끌어안았다. 그러자 헬렌의 얼굴도 금방 밝아졌다.

"아줌마에게 사과하지 않을래요?"

"사과하겠어요. 선생님과 같이 가요."

두 사람이 또 손가락으로 주고받는 말이었다. 설리번은 곧 헬렌을 데리고 버어니에게로 갔다.

"아줌마, 헬렌이 사과하려고 왔답니다."

설리번이 먼저 그렇게 말을 꺼내자 버어니는 부끄러워하며 말했다.

"내가 헬렌을 잘못 대했어요. 그런데 어떻게 사과를 받아요. 내가 도리어 잘못했다고 알려주세요."

그 사이에 헬렌은 버어니에게 다가서더니 상냥하게 키스를 했고 버어니도 곧 헬렌의 볼에다 키스해주었다. 그후로 헬렌은 전보다 훨씬 더 애정이 깊은 아이가 되었다.

어느 날 아침이었다. 설리번은 헬렌을 다정하게 안아주며 이렇게 썼다.

"선생님은 헬렌을 사랑해요."

그러자 헬렌은 진지한 표정으로 물었다.

"사랑이 무엇인데요?"

이때를 놓치지 않고 설리번은 헬렌의 가슴에다 손을 얹으며 알려 주었다.

"사랑은 여기에 있어요."

그러나 헬렌은 그 뜻을 얼른 알아채지 못했다. 여태까지 만질 수 없는 것을 배워본 적이 없었기 때문이다.

"사랑이란 꽃향기인가요?"

"아니."

"그럼 따뜻한 햇볕인가요?"

"그것도 아니에요."

"그렇다면 사랑은 무엇이지요?"

"가슴에서 나는 꽃향기, 가슴에서 느끼는 따뜻함을 알 수 있나요?"

"알아요. 며칠 전 아줌마에게 내가 키스를 해줄 때 느꼈어요. 선생님이 안아줄 때도 그랬고요."

"맞아요. 그것이 바로 사랑이에요."

"그럼 사랑은 무척 기쁜 것인가봐요."

"맞아요. 그게 사랑이에요."

손가락으로 듣는 소리

손가락 말로 사랑에 대한 설명을 듣고 있는 동안 헬렌은 신기하고 따뜻한, 뭔가 새로운 것을 만난 느낌이었다. 그녀의 얼굴에는 한참 동안이나 감격스러운 빛이 가득했다.

물론 사랑이 무엇인지 분명히 알게 된 것은 아니지만 그것이 마음에 기쁨을 주는 따뜻한 것임은 확실히 알게 되었다. 이때부터 헬렌은 설리번을 향해 더욱 많은 것을 물었다.

"집은 누가 만들었어요?"

"목수는 나무도 만드나요?"

"병아리는 왜 달걀 속에 들어 있나요?"

"꽃들은 얼마나 예쁜가요?"

"풀도 잠을 자나요?"

헬렌의 계속되는 질문에 일일이 대답하는 일이 어려웠지만 설리 번은 가장 쉽고 빠르게 설명하기 위해 모든 정성을 다했다.

하루는 설리번이 창문을 열고 밖을 내다보고 있었다. 헬렌이 뜰에 서 무슨 일인지 허리를 굽히고 열심히 움직이고 있었다. 이상한 생 각이 들어 자세히 보니 땅을 파고 그곳에 자기 인형을 묻고 있는 것 이었다.

설리번은 창문을 닫는 것도 잊은 채 헬렌에게 달려갔다.

"헬렌, 왜 인형을 땅에 묻지요? 더러워지잖아요."

설리번이 묻자 헬렌은 엉뚱한 대답을 했다.

"이렇게 땅에 심어야 내 인형도 선생님만큼 자랄 게 아니에요."

설리번은 어이가 없었지만 헬렌의 순진한 행동에 그만 웃지 않을 수 없었다. 헬렌은 인형도 땅에 심어 가꾸면 풀이나 나무처럼 자란 다고 생각했던 것이다.

그후 어느 날 도저히 웃을 수 없는 질문을 받게 되었다. 헬렌이 설리번의 얼굴을 더듬거리다가 두 눈이 자기 손끝에 닿자 이렇게 물었다.

"선생님, 이건 뭐예요?"

"이건…."

순간 설리번은 가슴이 뭉클하는 슬픔을 느꼈다. 보지 못하는 헬렌 이 너무나 가여워 견딜 수 없었기 때문이다.

"어서 가르쳐주세요."

"이것은…."

설리번은 할 수 있는 대로 헬렌의 아픈 상처를 건드리지 않기 위해 조심스럽게 말했다.

"눈이라고 하는데 모든 것을 볼 수 있도록 얼굴 가운데 있는 거예요."

"눈으로 모든 것을 보다니요?"

헬렌의 질문은 설리번을 한참 동안이나 망설이게 만들었다. 그러나 대강 얼버무리고 넘어갈 일은 아니었다. 설리번은 곧 침착하게 마음을 가다듬었다.

"헬렌은 지금까지 손으로 물건을 보았죠? 그렇지만 아버지나 어머니, 선생님은 손으로 보지 않고 이 눈으로 물건을 보고 있답니다."

이때 헬렌은 자기 눈을 만져보더니 다시 물었다.

"그럼 나도 눈이 있는데 왜 손으로만 봐야 하나요?"

순간 설리번은 목이 메는 슬픔을 삼킬 수밖에 없었다. 헬렌의 불행과 이 아이가 앞으로 살아가야 할 많은 날들이 순식간에 교차했다. 설리번은 자신의 불행을 기꺼이 극복해야 할 헬렌에게 조심스럽게 대답했다.

"헬렌은 손으로 보기 때문에 눈으로는 보지 않게 된 거예요."

헬렌은 머리를 갸우뚱하며 다음과 같이 써보이면서 시무룩한 표정을 지었다.

"내 눈은 병들었나봐."

"…."

설리번은 쏟아지려는 눈물 때문에 손으로 자기 입을 막아야 했다. 그리고 그 순간 헬렌을 향한 마음이 더욱 뜨거워짐을 느꼈다.

'이제부터 헬렌에게 글짓기 공부를 열심히 시켜야지.'

보지도 못하고 듣지도 못하는 아이에게 글짓기를 가르친다는 것은 쉬운 일이 아니지만 설리번의 계획은 그리 어려운 것이 아니었다. 이전에 점자를 새겨 만든 카드로 말을 만드는 일을 성공시킨 적이 있었기 때문이다.

우선 카드 위에다 여러 가지 글자를 도드라지게 만들어놓고 헬렌에게 그 글자들을 손으로 만져보게 한 후 말이 되도록 줄지어 놓게 하는 방법으로 가르쳤다. 가령 '꽃병이 책상에 있다'라는 문장을 만들기 위해 미리 그런 낱말들을 따로 만들어두었다가 헬렌더러 '꽃병이' '책상에' '있다'라는 글자들을 각각 골라내어 그것들을 차례로 이어놓도록 했다.

헬렌은 이 글짓기 시간을 무척 즐거워했다. 얼마 가지 않아 글짓기 솜씨는 놀랍도록 발전하여 금방 익숙해졌고 스스로 자기의 생각을 글로 표현하기에 이르렀다.

그해 가을, 헬렌은 퍼킨스 맹아학교의 학생들에게 처음으로 손수 편지를 써 보냈다. 이것은 헬렌이 그동안 글짓기 공부를 열심히 한 결실이었다. 그 내용은 다음과 같았다.

나 헬렌은 앞을 보지 못하는 소녀들에게 이 편지를 씁니다. 헬렌은 선생님과 함께 곧 그곳 친구들을 만나러 가려고 합니다. 보스턴까지 기차를 타고서요.
헬렌은 눈먼 친구들과 얼마든지 손가락으로 얘기할 수 있어요. 아나그너스 교장 선생님도 헬렌에게 키스해주겠지요. 헬렌도 학교에서 공부할 것입니다.

헬렌은 그곳 눈먼 친구들처럼 글짓기도 잘합니다.

동생 미들렛은 보스턴에 안 갑니다. 미들렛은 울보입니다. 아버지는 총으로 오리를 잡습니다. 헬렌은 눈이 안 보여도 이 편지를 써서 그곳 친구들에게 보냅니다. 그럼 안녕.

1887년 9월 헬렌 켈러.

헬렌은 글짓기 공부를 하면서 점자 공부도 계속했다. 손으로 만지면서 글을 읽는 일은 그 어떤 공부보다도 재미있었다. 헬렌이 점자를 확실히 알게 되자 자기가 쓴 글에서 틀린 곳을 찾아내거나 그것을 고치는 일도 아주 쉬워졌다.

헬렌은 열심히 공부했다. 그리고 조금이라도 의문이 생기면 서슴지 않고 질문하는 적극적인 아이였다.

"벌은 왜 헬렌을 쏘았나요?"

"버어니 아줌마 얼굴은 왜 검은가요?"

"아버지는 왜 양을 총으로 죽였나요?"

사물과 상황에 관한 헬렌의 질문은 그칠 줄 몰랐다. 그러나 조금도 귀찮게 여기지 않고 성의껏 대답해주는 설리번의 열의로 헬렌은 정상인이 알고 있는 것과 거의 다름없이 모든 것을 배울 수 있었다.

"벌은 헬렌이 자기를 해칠까봐 쏘았어요."

"버어니 아줌마는 흑인이기 때문에 얼굴이 검어요."

"아버지는 고기를 얻기 위해 양을 죽였답니다."

헬렌이 무엇보다도 알고 싶은 것은 새로운 생명이 태어나는 일이었다.

"어떻게 송아지가 태어났나요?"

"어떻게 아기가 태어났나요?"

"어떻게 강아지가 태어났나요?"

송아지와 아기와 강아지가 태어나는 일이 헬렌에게는 무척 신기했던 것이다.

어느 날이었다. 헬렌은 병원에서 친척인 라이라 아줌마 곁에 새 아기가 누워 있게 된 것을 알고 선생님에게 물었다.

"라이라 아주머니는 새 아기를 어떻게 낳았어요?"

"의사는 어떻게 아기가 있는 곳을 알았나요?"

"라이라 아주머니가 의사에게 아기를 가져다달라고 부탁했나요?"

설리번은 당황하지 않을 수 없었다. 쉽게 대답할 수 있는 질문이 아니었기 때문이다.

"조금만 기다려요. 집에 가서 설명해줄게요."

적당히 대꾸하면서 집으로 돌아온 설리번은 곰곰이 생각했다.

'사물에 대한 인식, 그리고 생명에 대한 순수한 호기심으로 알고 싶어 하는 헬렌에게 그냥 우물쭈물 대답해서는 안 된다. 만약 둘러대거나 얼버무리면 이후에 내가 들려주는 다른 대답들을 진지하게 받아들이지 않게 될지도 몰라. 또 이런 질문에 전혀 관심이 없는 척해도 안 돼. 그렇게 되면 내가 자기한테 무관심한 것으로 오해할지도 모르니까.'

선생님은 곧 헬렌을 밭으로 데리고 갔다. 그리고 키가 크게 자란

옥수수와 땅으로 뻗어 있는 수박 넝쿨과 꼬투리가 종알종알 달려 있는 콩들을 만지게 하고는 손가락 말로 주고받기 시작했다.

"이건 뭐죠?"

"옥수수."

"이건 뭐죠?"

"콩."

"맞았어요. 그런데 이것들이 어디서 나왔는지 아세요?"

"흙에서."

"흙에서 저절로 나와요?"

"…?"

설리번은 미리 따온 씨앗들을 하나씩 헬렌에게 쥐어주면서 다시 손가락을 움직였다.

"이건 뭐죠?"

"옥수수 알."

"이건요?"

"콩알."

"그래요. 이것들이 모두 씨앗이 된 거예요."

"그럼 이 씨앗을 어떻게 해요?"

"땅에 묻지요."

"그런 다음에는요?"

"이 씨앗 속에는 각각 자기 생명이 있어서 싹이 튼 다음 그것이 떡잎이 되어 흙을 뚫고 나오지요."

"그러고요?"

"그러면 그 떡잎은 따뜻한 햇볕을 받으면서 자라나 꽃이 피고 그와 똑같은 열매를 맺지요."

"그럼 떡잎은 아기군요."

"맞아요. 그 아기는 씨앗에서 태어나고요."

헬렌은 무엇을 생각했는지 고개를 번쩍 들면서 손가락을 움직였다.

"그렇다면 강아지도 씨앗에서 태어났나요?"

설리번은 얼른 대답할 수 없었다. 헬렌이 식물과 동물을 혼동하고 있었기 때문이다. 잠시 후에야 설리번은 대답했다.

"곡식은 씨앗에서 나오지만 짐승들은 새끼로 태어난답니다."

헬렌은 무척 신기한 표정을 지었다. 그러다가 또 물었다.

"그럼 새는 어떻게 태어나나요?"

"새는 알에서 새끼가 나오지요. 병아리도 그렇고요."

헬렌은 설리번의 말을 듣고 한참 동안 무언가를 생각하더니 참으로 놀랍다는 표정을 지었다. 설리번은 더 알기 쉽게 설명해줄 수 없는 것이 안타까웠으나 헬렌이 더 자라면 자세히 설명해주리라 생각했다.

설리번은 헬렌의 마음이 아름답게 자라도록 하기 위해 아름다운 시와 동화들을 들려주었다. '꽃사슴 이야기, 거북이 이야기, 동굴왕 이야기' 등은 헬렌이 아주 좋아했던 이야기들이었다. 비록 손바닥에 써서 들려준 것이었지만 이런 이야기들을 통해 헬렌은 이 세상에 아름다운 것이 많다는 것을 알게 되었다.

설리번은 맑은 날이면 정원이나 숲이나 들판으로 헬렌을 데리고 나가 실물을 통해 여러 가지를 가르쳐주었다. 그럼으로써 과학과 역사, 생물에 대한 지식들도 습득할 수 있도록 했다.

헬렌은 훗날 자서전 《나의 생애》에 이때 일을 다음과 같이 기록했다.

선생님과 나는 집 안보다도 들이나 숲속을 더 좋아하여 날씨만 맑으면 곧장 그리로 나가서 공부를 했습니다. 길가의 넓은 돌 위나 시원한 나무 그늘 밑, 시냇가에 앉아서 세상의 온갖 것이 모두가 훌륭한 교훈을 담고 있다는 것을 배웠습니다.

나는 풀밭 사이에 핀 튤립 곁에 앉아 책을 읽은 적도 있었습니다. 자연과 접촉하면서 배우는 편이 훨씬 더 나았습니다. 부드러운 꽃잎, 단단한 돌, 시원한 물줄기, 따뜻한 햇볕, 헤엄치는 개구리, 보들보들한 솜털 같은 잔디, 향긋한 들꽃들의 향기, 살갗을 간지럽히는 산들바람, 호젓한 들길, 가끔씩 몸에 붙는 메뚜기와 여치 같은 곤충 등 어느 것 하나 나를 가르치는 교과서가 아닌 것이 없었습니다.

선생님은 목화가 피는 모습도 만져보게 하고 작은 나뭇가지 사이로 지나가는 바람까지도 손으로 만져볼 수 있게 해주었습니다. 그런 일들을 나는 지금도 뚜렷이 기억하고 있습니다. 어떤 때는 목장에서 망아지에게 물을 먹이려고 하자 망아지는 싫다고 하며 코로 툴툴거리는 이상한 소리를 내는 것 같았고, 선생님은 그때 내 손끝과 손바닥으로 그 소리를 느낄 수 있도록 해주셨습니다. 이것이 내가 손으로 소리를 들을 수 있었던 첫 경험이었습니다.

특히 헬렌이 좋아한 곳은 과수원이었다. 남부에서는 7월 초순부터 과일이 익기 시작했는데 부드러운 과일들은 헬렌의 손에 잡힐 수 있을 정도로 나지막하게 드리워져 있었다. 또한 바람이 살짝만 불어도 상큼한 향기를 듬뿍 풍기며 헬렌의 발등 위로 뚝뚝 떨어졌는데 이럴 때 헬렌은 앞치마에 그것들을 주워 담느라 정신이 없었다.

마음으로 보는 세계

헬렌이 손으로 만져서
알게 된 세상은 눈으로 보는 세상 못지않게 아름다웠다. 눈으로만
보는 사람은 도리어 손으로 만질 때 느낌으로 알 수 있는 아름다움
을 모른다. 때론 보지 않아야 될 것까지 보기 때문에 순수한 마음으
로 세상을 바라보지 못할 수도 있다.

가령 한 송이 꽃을 볼 때 눈으로만 보는 사람은 색깔과 모양만 보
지만, 손으로 만져보는 사람은 부드러운 감촉을 통해 꽃송이의 아름
다움을 더 깊은 데까지 알게 된다. 헬렌이 만져서 알게 된 아름다운
세계란 바로 그런 것이었다. 헬렌은 후에 이렇게 말했다.

내가 살며시 내미는 손바닥을 부드럽게 간지럽히는 장미꽃과 산
들바람에 조용히 흔들리는 백합꽃의 그 달콤한 감촉, 아마 그런 아

름다움과 기쁨을 맛본 사람은 그리 많지 않을 것입니다. 어쨌든 나는 그런 일을 통해 하나님은 누구에게서도 행복을 빼앗지 않는 분임을 알게 되었습니다.

설리번은 헬렌을 데리고 가끔씩 테네시 강가로 소풍을 나가기도 했다. 거기서 함께 놀기도 하고 지리를 가르쳐주기도 했다. 헬렌은 지리 공부를 무척 좋아했다. 이 시간을 통해 헬렌은 지구는 공처럼 둥글다는 것, 이 지구가 태양을 1년에 한 바퀴씩 돌고 있다는 것, 옛날에 한 도시가 화산이 터져 땅속에 묻혀버렸다는 것, 지금도 어떤 산에서는 끊임없이 불덩어리가 치솟고 있다는 것, 지구의 어느 한편은 일 년 내내 얼음으로만 뒤덮여 있고, 또 어느 지역은 사시사철 뜨거운 태양열만 내려쬐고 있다는 것, 바다는 육지보다 훨씬 더 넓다는 것 등을 알게 되었다.

또 설리번은 밀림에 살고 있는 맹수들의 이야기도 들려주었다.

"밀림이 뭐예요?"

"울창한 나무들만 빽빽하게 들어차 있는 곳이죠."

"거기도 사람들이 사나요?"

"아니에요. 거기엔 힘센 코끼리, 무서운 사자, 날쌘 표범 같은 짐승들이 살고 있어요."

"밀림은 무서운 짐승들의 집인가보죠?"

"맞아요. 하지만 거기엔 무서운 짐승들만 살고 있지는 않아요. 영양이나 얼룩말 같은 순한 짐승들도 있으니까요."

"어머, 신기해라."

헬렌은 배우는 일이면 무엇이나 좋아했다. 그러나 유독 숫자를 가지고 셈하는 공부는 싫어해서 셈 이야기만 나오면 벌떡 일어나 밖으로 도망치기 일쑤였다.

어느 날은 설리번이 미리 타일렀다.

"헬렌, 셈 공부도 아주 중요해요."

"하지만 난 싫어요. 머리부터 아픈 걸요."

헬렌은 막무가내였다. 그러던 중 헬렌이 수학에 관심을 가질 수 있는 좋은 기회가 생겼다. 누군가 헬렌에게 화석化石 하나를 보내준 것이었다. 그 화석은 고운 조개껍질 무늬가 새겨져 있고 조그마한 새의 발자국이 찍혀 있기도 한 암석 조각이었다. 설리번은 그것을 가지고 헬렌에게 여러 가지 얘기를 들려주었다. 수만 년 전 원시림 속에서 먹이를 찾아다녔던 커다란 공룡 이야기, 그리고 그것들이 넓은 늪과 못이 있는 지대에서 죽어 묻힌 이야기, 또 훗날에 화석 조각으로 나타난 일들을 들려주었다.

또 아름다운 조개가 자기를 보호하기 위해 나사 모양으로 껍질을 변형시켜 그 속으로 숨어든 일, 그리고 어쩌다가 조개 안으로 모래가 끼어들면 조개는 몹시 살이 아프지만 그 아픈 과정을 거쳐 진주로 만들어진다는 얘기도 들려주었다.

설리번은 헬렌을 위해 큰 유리 어항 속에 올챙이들을 넣고 그것들이 자라면서 변화되는 과정을 알아보기도 했다. 처음 어항 속에 손을 넣을 때는 작은 올챙이들이 만져져 손가락 사이로 미끈거리며 빠져나갔으나 얼마 후에는 배와 꼬리 사이에 두 발이 돋아나 있었고 또 조금 지나자 올챙이의 모양은 간 곳이 없고 전혀 다른 모습의 개구리가 되어 있었다. 헬렌은 그때의 일을 훗날 다음과 같이 기록했다.

> 나는 그런 방법으로 여러 생물에 대한 공부를 했습니다. 어느새 나
> 도 한 알의 씨앗이 되어 떡잎이 돋아나고 싹이 자라고 꽃이 피어나
> 열매를 맺어가고 있었습니다. 이토록 나를 길러준 사람은 두말할
> 것 없이 설리번 선생님이었던 것입니다.

헬렌은 색깔에 대한 이야기를 처음 들었을 때 너무나 신기했다.
"선생님, 점자책에 갈색이란 말이 있어요. 갈색이 무슨 뜻이죠?"
"헬렌의 머리카락이 갈색이에요."
"그럼 갈색은 매우 아름다운가요?"
"맞아요. 헬렌의 마음만큼 아름답지요."
"…!"
이때부터 헬렌은 색깔에 대한 호기심을 가지게 되었다. 이를 알아
차린 설리번은 헬렌의 손을 잡고 온 집 안을 돌아다니며 헬렌이 만
지는 물건이나 사물마다 그 색깔을 가르쳐주었다. 물론 상세히 설명
해주어도 색에 대한 개념을 분명히 알 수 있는 것은 아니었다. 헬렌
은 마음으로 색을 보았다. 그리고 색에 관한 설명을 들을 때마다 감
탄을 자아냈다. 그가 마음으로 볼 수 있었던 또 하나의 아름다운 세
계였기 때문이다.
"하늘은 무슨 색이지요?"

"푸른색."

"나뭇잎은?"

"초록색."

"별은요?"

"황금색, 그렇지만 별은 밤이 아니면 보이지 않아요."

"그럼 밤이면 푸른 하늘에 황금색 별들이 반짝이겠네요?"

"아니, 밤에는 하늘이 검은색이 돼요. 해가 없으니까요."

헬렌은 이상하다는 듯이 고개를 갸우뚱하더니 태도를 바꾸어 이렇게 물었다.

"생각은 무슨 색이죠?"

선생님은 어리둥절하다가 곧 대답했다.

"즐겁고 기쁠 때는 밝은색, 슬프고 괴로울 때는 어두운색."

"헬렌의 얼굴은?"

"하얀색."

"그럼 버어니 아줌마의 마음은 검은색이겠네요."

"왜죠?"

"얼굴이 검으니까."

헬렌은 얼굴빛이 희고 검은 데 따라서 마음도 희고 검은 줄로 생각하고 있었던 것이다. 설리번은 얼른 대답했다.

"아녜요. 얼굴색과 마음의 색깔은 달라요."

"어떻게요?"

"얼굴은 희지만 마음은 검기도 하고, 얼굴은 검어도 마음은 희기도 하니까요."

무엇보다도 헬렌에게 좋은 교육 자료가 된 것은 화분이었다. 어느 날 설리번은 백합꽃 화분 하나를 사다가 햇빛이 잘 비추는 곳에 놓아두었다. 헬렌은 그 갸름한 봉오리와 잎들을 손끝으로 만져보면서 신기해했다.

"무척 예쁘죠?"

설리번이 묻자 헬렌은 "예" 하고 대답하더니 다시 확인하려는 듯 이렇게 물었다.

"이 탐스러운 것은 봉오리지요?"

"그래요. 이 봉오리는 처음엔 단단하고 잎과 같은 초록색이지만 점점 자라면서 볼록해졌다가 이윽고 하얀색을 드러내면서 예쁘게 피어나는 거예요."

설리번이 자세히 설명해주었다. 헬렌은 아침마다 자리에서 일어나면 먼저 화분으로 다가가 꽃봉오리 만지기를 좋아했다. 그리고 아직 피어나지 않은 봉오리를 만지면서 이렇게 말했다.

"이 꽃은 사람들 보기가 무척 부끄럽나봐요. 아직까지 활짝 피어나지 않는 것을 보면…."

이런 때면 설리번은 헬렌의 생각이 굉장히 문학적인 데에 놀랐다.

어느 날 아침 마침내 백합꽃은 하나도 남김없이 모두 피어나게 되었다.

"헬렌, 이제 백합꽃이 다 피었어요."

설리번이 그렇게 말하자 헬렌은 얼른 만져보고 이렇게 말했다.

"정말 어쩌면 이렇게 부드럽고 탐스러울까!"

그러더니 이어 물었다.

"선생님, 이 백합꽃들은 지금 어떤 모습이에요?"

"이 꽃들은…."

설리번은 잠시 생각한 후 이렇게 대답해주었다.

"헬렌의 아름다운 마음 같아요. 아니 아름다운 마음은 다 이 백합꽃 같답니다."

"그럼 마음이 아름답지 않은 사람도 있나요?"

"아무렴요. 거짓말을 하는 마음, 남을 미워하는 마음은 아름답지 않은 마음이죠. 그런 마음은 나빠요."

"그럼 그런 나쁜 마음은 어떤 꽃과 같을까요?"

"나쁜 마음을 닮은 꽃은 없답니다. 꽃은 다 아름답거든요. 대신 나쁜 마음을 닮은 것이 따로 있지요."

"뭔데요?"

"사나운 가시나 엉겅퀴."

"…!"

"가시는 닿기만 하면 사람을 아프게 찌르고, 엉겅퀴는 무척 귀찮게 누구에게나 달라붙기만 해요."

헬렌은 이처럼 설리번으로부터 사물 하나하나에 이르기까지 그 깊은 뜻을 배워갔다.

헬렌은 어느 땐가 설리번과 케이트와 함께 공원묘지에 간 적이 있었다. 물론 그때까지 사람이 죽어 땅에 묻힌다는 것을 들어본 일이 없었다. 그런데도 헬렌은 신기하리만큼 그것을 느낌을 통해 알아냈다.

공원묘지에는 꽃이 만발했다. 게다가 푸른 잔디는 빈틈없이 자라고 있어 어떤 공원보다도 훌륭했다. 그런데도 헬렌은 들판에 피어 있는 꽃들을 만지면서 좋아하던 때와는 달리 몹시 조심스럽게 걸었고, 어떤 묘지 앞에 이르러서는 곁에 놓인 꽃다발을 만지면서 눈물을 글썽이기도 했다.

어느 날 설리번은 딸을 잃은 자기 친구와 함께 그 묘지를 찾아가면서 헬렌을 데리고 갔다. 묘지에 도착한 헬렌은 여기저기에 세워져 있는 묘비의 이름들을 만져보더니 '플로랜스'라고 새겨져 있는 묘비를 발견하자 그 앞에 무릎을 꿇고 설리번의 손에 이렇게 썼다.

"불쌍한 플로랜스가 여기 있나요?"

플로랜스는 다름 아닌 함께 온 친구의 죽은 딸이었다. 설리번은 친구가 너무 슬퍼할까봐 헬렌의 물음에 대답 없이 그대로 잠잠히 서 있기만 했다. 그러자 헬렌은 이어 이렇게 물었다.

"죽은 플로랜스를 누가 여기에다 버렸나요?"

그때까지도 설리번은 헬렌에게 자기 친구의 딸이 플로랜스라고 말한 적도 없었고, 그 아이가 죽었다는 말조차 한 일이 없었다. 그런데도 헬렌이 어떻게 알았는지 참으로 놀라지 않을 수 없었다.

"어떻게 그런 일을 알 수 있었을까? 생전에 플로랜스를 만나본 적이 없었는데…."

헬렌은 그날 집으로 돌아와 이미 알고 있는 일인 양 자기 생각에 떠오르는 것들을 이렇게 글로 적었다.

불쌍한 플로랜스는 죽었습니다. 그 소녀는 무서운 병에 걸려 죽었습니다. 사랑하는 어머니는 예쁜 딸을 잃고 너무나 슬퍼 울고 또 울었습니다. 소녀는 땅속에 묻혔습니다. 그리고 차디차게 되어버렸습니다. 소녀는 그 속에 꼼짝도 않고 누워 있었습니다. 소녀는 아플 때 몹시 앓았습니다. 너무나 아프면 울기도 하였습니다. 의사가 약을 주었습니다. 그래도 소녀는 낫지 않았습니다. 사랑하는 어머니는 또 딸을 만나려고 그리로 갈 것입니다. 그렇지만 딸은 아무런 말없이 그대로 누워 있기만 할 것입니다.

크리스마스 선물

터스컴비아 거리에 아이들이 좋아하는 서커스단이 들어왔다.

"쿵짝짝 쿵짝! 빵빠라 빵빵빵…."

악대가 신바람 나게 나팔을 불고 북을 쳐댔다.

"야, 서커스단이다!"

"어서 가보자."

신이 난 아이들이 달음질을 쳤다.

'헬렌도 구경할 수 있으면 얼마나 좋을까.'

그 모습을 보고 있던 설리번의 생각이 갑자기 달라졌다.

'아니야, 헬렌은 모든 것을 손가락으로 보지 않는가. 서커스도 얼마든지 구경할 수 있을 거야.'

설리번은 헬렌을 데리고 서커스장으로 향했다. 그리고 단장에게 가서 부탁했다.

"우리 헬렌에게 서커스 구경을 좀 시켜주셨으면 해요."

"오라, 가엾은 소경이군요."

"그래요. 하지만 손으로 모든 것을 다 볼 수 있어요."

단장은 헬렌의 머리를 쓰다듬으며 말했다.

"좋습니다. 우리 서커스단에 있는 동물들은 다 강아지처럼 온순하니까 아이더러 만져보게 하십시오."

"감사합니다."

그렇게 해서 헬렌은 서커스단의 여러 동물을 만져볼 수 있게 되었다. 설리번은 먼저 헬렌을 코끼리 앞으로 데리고 갔다.

"이건 코끼리예요."

"어머, 다리가 굉장히 기네요?"

"다리가 아니라 코랍니다. 코끼리는 코가 길어요."

"코끼리는 코밖에 없나봐."

헬렌이 코끼리를 만지며 깔깔대며 웃었다. 그때 막 코끼리가 무대로 나가게 되었다. 설리번은 얼른 단장에게 부탁했다.

"우리 헬렌을 코끼리 등에다 한번 태워주실 수 있을까요?"

"그렇게 하지요."

단장이 헬렌을 얼른 코끼리의 등에다 올려주었다. 그리고 큰 소리로 수많은 구경꾼들을 향해 소리쳤다.

"자, 우리 공주님이 코끼리를 타고서 나가신다."

그러자 구경꾼들이 한바탕 박수를 쳐주었다. 코끼리는 헬렌을 등에 태우고 악대의 반주에 맞추어 천천히 무대를 한 바퀴 돌았다. 설리번은 헬렌을 코끼리 등에서 내린 다음 이번엔 사자 새끼에게로 데리고 갔다.

"이건 사자 새끼야."

"사자 새끼는 벌써 늙었나봐요."

"왜죠?"

"이 수염을 봐요."

헬렌은 사자 새끼의 얼굴에 수북하게 난 털을 만지면서 그렇게 손가락으로 썼다.

곰 앞으로 가서는 악수를 하기도 했다. 곰은 재미있다는 듯 코를 벌름거렸다. 다음은 원숭이에게로 갔다. 원숭이는 헬렌이 손을 내밀자 마치 사람처럼 재빨리 모자를 벗어 손에 든 다음 꾸벅 절을 했다. 그런 모양을 알아차리기라도 한 듯 헬렌은 깔깔 웃기 시작했다. 기린을 길들이는 사람은 헬렌을 번쩍 안아서 기린의 커다란 귀를 만져보게 하기도 했다. 이때 헬렌은 설리번에게 손가락으로 말했다.

"기린의 귀는 하늘에 매달려 있는 모양이죠?"

헬렌이 특히 재미있어 했던 것은 서커스단의 어릿광대들이 헬렌에게 자기들의 몸을 만져보도록 해준 일이었다. 서커스단 구경을 마치고 집으로 돌아온 헬렌은 아버지와 어머니 앞에서 서커스단에서 만져본 것들의 이야기를 손짓으로 들려주느라고 수선을 피웠다. 사자의 이야기를 하면서는 마치 사자처럼 크게 "어흥" 하는 소리까지 냈다.

"어머, 우리 헬렌이 어떻게 사자 소리를 흉내낼 수 있을까요?"

케이트는 놀라서 물었다.

"물론 귀로는 들어보지 못한 소리지만 사자가 소리를 지를 때면 공기가 진동하는 것을 통해 소리를 온몸으로 느낄 수 있었을 거예요."

설리번이 그렇게 말하자 켈러도 흐뭇한 표정을 지으며 대꾸했다.

"맞아. 공기의 울림을 통해 온몸으로 그 소리를 들은 거라고."

헬렌은 천둥소리도 그런 방법으로 들을 수 있었다.

한동안 헬렌은 코끼리 등을 탔던 일을 생각하면서 자기 등에다 인형을 얹은 후 네 손발로 마룻바닥을 쿵쿵거리면서 기어 다녔다. 그 모습을 본 식구들은 모두 배를 움켜잡고 웃었다.

한 해가 다 지나갈 무렵 헬렌은 무척 인상 깊은 또 한 가지 경험을 하게 되었다. 처음으로 성탄절이 무엇인지 알고 맞이하게 된 것이다. 물론 아더와 케이트는 해마다 성탄절을 성스럽고 뜻깊게 보냈다. 그러나 의사 전달을 받을 수 없었던 헬렌에게 성탄절은 없었던 것이나 마찬가지였다. 그렇지만 설리번이 헬렌에게 성탄절의 뜻을 가르쳐준 후부터 헬렌에게도 매우 의미 있는 날이 되었다.

"몇 밤만 자면 성탄절이에요."

"성탄절이 뭔데요?"

"예수님께서 세상에 태어나신 날이랍니다."

"예수님이 누구예요?"

"하나님의 아들이죠."

"하나님도 아기를 낳았나요?"

"마리아라는 처녀가 낳았답니다."

"어디에서요?"

"유대나라 베들레헴이라는 곳에서요."

"그럼 예수님도 병원에서 태어났나요?"

"아니, 마구간에서요."

헬렌은 무언가 잠시 생각하더니 손가락을 움직였다.

"마구간에서 태어난 아기를 어째서 사람들이 기뻐하지요?"

"세상 사람들을 구원하시려고 오신 구세주이기 때문이지요."

"그걸 어떻게 알았나요?"

"예수님이 태어나셨을 때 멀리 동쪽 나라에서 살고 있던 박사들이 하늘의 별을 보고 찾아와 그 사실을 알려주었답니다."

"그럼 헬렌도 예수님이 구원해주시나요?"

"그럼요. 그분만 믿으면 구원해주신답니다."

헬렌은 무슨 뜻인지 잘 모르겠다는 듯 고개를 갸우뚱하면서 궁금한 표정을 지었다. 헬렌은 다시 물었다.

"그럼 성탄절엔 무엇을 하나요?"

"즐거운 일이 아주 많아요."

"어떻게요?"

"아름다운 트리도 만들고, 카드도 써 보내고, 가족끼리 모여서 맛있는 음식도 먹고, 친구들끼리 파티도 열고…."

"정말 즐겁겠는데요."

설리번은 헬렌이 무척 관심을 가지고 듣자 신이 나 더 열심히 들려주었다.

"하지만 그보다도 훨씬 더 즐거운 일이 있어요."

"무슨 일인데요?"

"산타클로스 할아버지가 아이들에게 선물을 주는 일이랍니다."

"그럼 헬렌에게도 주나요?"

"물론이죠. 틀림없이 줄 거예요."

"아이, 좋아!"

헬렌은 성탄절 이야기를 듣고 무척 기뻐했다.

설리번은 켈러 부부와 함께 헬렌을 깜짝 놀라게 만들어주려고 멋진 계획을 세웠다. 마을에 살고 있는 헬렌 또래의 아이들이 성탄절 전날 밤에 벌이는 축하파티에 헬렌을 초대했던 것이다. 설리번과 함께 헬렌이 나타나자 아이들은 모두 일어나서 손뼉을 치며 환영해주었다.

"어린이 친구들, 이렇게 헬렌을 초대해주어서 감사합니다."

"와주셔서 감사합니다."

설리번이 감사의 말을 하자 아이들도 일제히 머리를 숙여 감사했다. 그런 다음 아이들은 차례로 헬렌의 손을 끌어당기면서 반가워했다.

"와줘서 고마워 헬렌, 메리 크리스마스!"

헬렌은 실내 이곳저곳을 다니면서 무엇이든 손으로 만져보기 시작했다. 실내 한복판에 있는 크리스마스 트리에는 온갖 선물 상자들이 주렁주렁 매달려 있었다. 또한 헬렌의 눈에는 보이지 않았지만 금박과 은박 종이들이 여러 가지 모양으로 오려져 오색 테이프와 함께 찬란하게 장식되어 있었다.

헬렌에게는 참으로 멋진 밤이었다. 그렇게 많은 아이들과 함께 어울려 재미있게 놀아본 기억이 거의 없었기 때문이다.

～

이튿날 드디어 성탄절이 되었다.

"산타클로스 할아버지가 선물을 준다고 했죠?"

일찍 일어난 헬렌은 선물부터 물었다. 설리번은 미리 준비해둔 상자 안에 가득 담은 선물 꾸러미를 내놓으면서 대답했다.

"이것 봐요. 산타클로스 할아버지의 선물이에요."

헬렌은 많은 선물 꾸러미들 하나하나를 차근차근 만지면서 기뻐했다. 그 선물들은 그동안 켈러 부부와 설리번이 함께 마련한 것으로 헬렌에게 주는 반지와 인형과 옷, 점자를 쓰는 도구, 장난감과 여러 종류의 사탕들이었다.

무엇보다도 헬렌의 마음에 든 선물은 설리번이 사다준 카나리아 새였다. 설리번은 헬렌의 손에다 모이를 쥐게 한 다음 그 손을 새장 안에다 넣어 카나리아가 쪼아 먹도록 했다. 카나리아가 모이를 줍기 위해 손바닥을 쪼아대자 헬렌은 입을 함박꽃처럼 벌리며 좋아했다.

그런 모습을 옆에서 지켜보던 켈러와 케이트는 참으로 대견한 생각에 마음이 뿌듯했다. 순간 케이트는 설리번의 손을 꽉 움켜잡으며 말했다.

"선생님, 우리는 선생님이 우리 헬렌을 위해 저희 집에 오신 것을 하루도 잊지 않고 감사하고 있습니다. 선생님이야말로 하나님께서 우리 집에 보내주신 천사입니다. 헬렌이 저만큼 자라게 된 것도 다 선생님 덕분입니다. 이 은혜를 어떻게 다 갚을 수 있을까요. 아마 우리 헬렌만큼 행복한 아이는 없을 거예요."

그러면서 차마 말을 잇지 못하고 울음을 삼켰다. 켈러 역시 곁에서 아무 말도 하지 못한 채 눈물만 닦고 있었다.

"제 힘만이 아니에요. 하나님의 도우심이 없었다면 아마 할 수 없었을 거예요. 그만큼 하나님께서 헬렌을 사랑하신 거예요."

설리번도 목이 메었다.

설리번으로부터 카나리아를 선물 받은 헬렌은 그때부터 카나리아를 돌보는데 정신이 팔려 먹는 일까지도 잊어버릴 정도였다.

설리번은 헬렌에게 새장 청소하는 법, 모이를 주는 법, 물을 주는 법 등을 자세히 가르쳐주었다.

"선생님, 이 새에게도 이름을 붙여주어야죠?"

"참, 그래야겠군요. 가만 있자, 뭐라고 부를까? 옳지, '꼬마 음악가'라고 하면 어떨까요?"

"왜 그런 이름을 붙이는 거예요?"

"카나리아는 본래부터 목소리가 아름다워 노래를 잘 부르거든요."

"노래가 뭔데요?"

"어, 노래란 말이지…."

설리번은 노래에 대해 설명을 해주었지만 노래를 들어보지 못한 헬렌에게 설명만으로 노래가 어떤 것인지 충분히 알려주기는 힘들었다.

어느 날 아침, 헬렌은 자리에서 일어나 곧장 새장으로 가 그 안을 더듬다가 그만 깜짝 놀랐다. 카나리아가 없어졌기 때문이다. 헬렌이 전날 저녁 때 모이를 준 후 깜박 잊고 새장 문을 닫지 않았기 때문에 그만 밖으로 날아가버리고 말았던 것이다.

"선생님, 꼬마 음악가가 없어졌어요."

헬렌은 곧바로 설리번에게 가서 발을 동동 구르면서 알려주었다. 설리번은 재빨리 나가보았다. 아니나 다를까 새장은 문이 열린 채 텅 비어 있었다.

"어제 저녁에 새장 문을 닫지 않았군요. 그래서 밖으로 날아가버렸나봐요."

"그럼 어떻게 하죠?"

"할 수 없어요. 한번 날아간 새는 다시 돌아오지 않으니까요."

그 말을 들은 헬렌은 금방 울음을 터뜨리고 말았다. 한참을 울고 난 후에 헬렌은 설리번에게 손바닥 글씨를 썼다.

"헬렌 잘못했어요. 이제야 새장 문을 닫지 않았던 것이 생각나요."

헬렌이 글을 쓰고 또 다시 흐느끼는 모습이 몹시 측은했던 설리번은 아이를 위로했다.

"너무 슬퍼하지 말아요. 선생님이 다음에 더 좋은 새를 사다줄 테니까요."

처음으로 교회에 나감

　　　　　　한 해가 지나 1888년 1월이 되었다.
켈러 부부는 그동안 헬렌의 변화를 생각하면서 참으로 감개무량했
다. 어느 날 저녁, 부부는 특별히 설리번을 위해 맛있는 음식을 마련
했다. 켈러와 케이트는 설리번이 문을 열고 들어서자 정중하게 맞았
다. 케이트가 먼저 설리번의 손을 꼭 붙잡고 말했다.

"오늘 저녁은 특별히 선생님을 위해 마련했습니다. 지금까지 우리
헬렌을 가르치신 정성에 비하면 만 분의 일도 안 되지만 말이지요.
하나님께서는 선생님을 통해 우리 가정에 참으로 큰 축복을 내려주
셨습니다."

케이트는 눈물을 흘렸다.

"그렇게 생각해주시니 정말 기쁘고 감사합니다. 그렇지만 저는
마땅히 해야 할 일을 했을 뿐입니다."

켈러도 설리번의 손을 덥석 잡았다. 눈에서는 감사와 감격의 눈물이 흐르고 있었다.

"됐어요. 이런 감사의 눈물 한 방울은 제가 지금까지 헬렌을 위해 일했던 어떤 수고보다 더 값진 것이에요. 오히려 제가 감사합니다."

설리번은 그날의 일기에 이렇게 기록했다.

> 켈러 부부의 감사의 눈물은 내가 받은 어떤 선물보다도 가장 값진 것이었다. 나는 그들의 눈물을 보면서 하나님 앞에서 더 엄숙한 마음이 들지 않을 수 없었다.

설리번은 이 일을 아나그너스 교장에게 알렸다.

"제가 이 세상에 무언가 조금이라도 도움이 되고 있다는 사실이 참으로 보람됩니다. 가엾은 헬렌이 거의 모든 것을 나에게 의지하고 있는데 이처럼 나를 강하게 만드는 것은 없습니다."

설리번은 헬렌을 가르치는 일을 조금도 자랑으로 생각하지 않고 오히려 자신이 헬렌 덕분에 무척 가치있게 살고 있다고 여겼다.

그해 2월, 헬렌은 설리번을 따라 테네시 주 멤피스에 가게 되었다. 그곳에 삼촌인 켈러 박사가 의사회에 참석하고자 왔다는 소식을 들었기 때문이다.

헬렌은 그곳에서 켈러 박사의 친구들인 의사들 사이에서 금방 인기를 모았다. 여러 사람들이 빙 둘러앉은 자리에서 춤을 추기도 하고 손짓으로 노래를 부르기도 하면서 온갖 재롱을 부렸기 때문이다.

"하하하, 정말 재롱둥이군."

사람들은 저마다 입을 모아 칭찬하면서 박수를 쳐주었다. 재롱이 끝나자 한 친구가 헬렌의 손을 잡으면서 물었다.

"이 아저씨가 아가씨에게 예쁜 인형을 하나 선물하고 싶은데 어떤 게 좋을까?"

그러자 헬렌은 곧 대답했다.

"저는 많은 아이들을 두고 싶지 않아요. 낸시는 에디와 싸우는 일이 많아요. 막내인 마이더도 여간 심술궂은 게 아니랍니다. 또 한 아이를 데려가게 되면 저는 아마 울보 엄마가 되고 말 거예요."

"이게 무슨 뜻입니까?"

켈러 박사의 친구들은 모두 눈이 휘둥그레졌다.

"낸시, 에디, 마이더는 헬렌이 가지고 있는 인형들의 이름이지요. 자기가 그들의 엄마라는 거예요."

모두가 헬렌의 유머에 즐거운 분위기였다. 어떤 친구는 배를 움켜잡고 웃다가 기침까지 콜록콜록 했다. 잠시 후에 또 다른 친구가 물었다.

"그럼 무엇을 갖고 싶은지 말해봐요."

그러자 헬렌은 이해하기 어려운 대답을 했다.

"이야기하는 장갑이요."

"아니, 이야기하는 장갑이라니?"

친구들은 모두 호기심에 찬 눈으로 서로의 얼굴을 마주보았다.

설리번이 대답했다.

"헬렌이 얼마 전 글자가 수놓아진 장갑을 만져본 일이 있었는데 아마 그 장갑이 생각났나봐요."

친구들은 다시 한바탕 웃음을 터트렸다.

"정말 말하는 장갑이군."

헬렌이 멤피스를 떠나 집으로 오기 전날이었다. 헬렌은 갑자기 집에 두고 온 인형 낸시가 생각났다.

"선생님, 낸시에게 예쁜 모자를 사주고 싶어요."

그 말을 듣고 설리번은 헬렌을 데리고 물건을 사기 위해 밖으로 나갔다. 상점에 이르자 헬렌에게 물었다.

"얼마짜리 모자를 사다 줄까?"

"10센트짜리요."

"그럼 돈이 남잖아."

"남은 돈으로는 미들렛에게 캔디를 사다 주고 싶어요."

헬렌은 생전 처음으로 자기 손으로 물건을 사서 동생에게 선물하게 되었다. 그곳에서의 며칠은 헬렌에게 정말 즐거운 시간들이었다.

여행을 마치고 돌아온 헬렌은 일주일쯤 지나 퍼킨스 맹아학교의 아나그너스 교장에게 상당히 긴 편지를 보냈다. 이때는 벌써 800개 이상의 단어들을 외우고 쓸 수 있었기 때문에 어느 때보다도 더욱 뛰어난 편지를 쓸 수 있었다.

존경하는 아나그너스 교장 선생님께

저는 점자로 교장 선생님께 이 편지를 씁니다. 오늘 아침엔 아버지께서 저에게 오랑캐꽃과 수선화로 아름다운 꽃다발을 만들어주셨습니다. 애덜라인은 아주 예쁜 인형을 가져다주었습니다. 저는 이 인형의 이름을 애덜라인 켈러라고 지었습니다.

애덜라인 켈러는 앉기도 하고 서 있기도 하고 팔을 굽혔다 폈다 할 수도 있습니다. 저는 이 인형에게 노란 드레스를 입혀주었습니다. 저는 그의 어머니가 되었기 때문입니다. 또한 며칠 전에 선생님과 함께 멤피스를 다녀왔습니다. 그곳에서 삼촌과 그 친구들과 함께 재미있게 놀았고 마차도 탔습니다. 그리고 돌아오기 전에 그곳 거리로 나가서 처음으로 우리 낸시의 모자를 사기도 했습니다.

지금도 저는 선생님과 함께 언덕으로 소풍하면서 풀과 나무들이 어떻게 자라는지 공부하고 있습니다. 선생님께서 해는 동쪽에서 떴다가 서쪽으로 넘어간다고 가르쳐주셨습니다. 또 세필드는 북쪽에 있고 제가 살고 있는 터스컴비아는 남쪽에 있다는 것도 가르쳐주셨습니다.

아버지께서는 어느 날 집만큼 큰 배를 보여주겠다며 저를 데리고 나가셨습니다. 배는 강물 위에 떠 있었습니다.

토요일이면 사촌인 벨이 찾아옵니다. 저는 6월에 선생님과 함께 그곳 보스턴에 가려고 합니다. 그때 저는 눈먼 친구들과 재미있게 지내려고 합니다.

터스컴비아에서 헬렌 켈러 올림.

그 무렵 헬렌은 많은 말뿐만 아니라 색깔에 대한 개념도 분명해져 갔다.

어느 날, 방 안에서 미들렛의 얼굴을 손으로 만져보고 있던 헬렌은 설리번에게 이렇게 물었다.

"미들렛의 눈은 무슨 색이에요?"

"파란색이지요."

선생님이 대답하자 헬렌이 말했다.

"그럼 미들렛의 눈은 작은 하늘이군요?"

참으로 놀라운 상상력이었다.

"하늘만 파란색이 아니라 바다도 파랗답니다."

선생님이 덧붙이자 헬렌이 또 금방 대꾸했다.

"그렇다면 미들렛의 눈은 작은 바다같기도 하겠네요."

어느 날 헬렌이 한 친구에게 카네이션 한 다발을 선물로 받고 기뻐하고 있을 때 설리번은 그 꽃의 색깔을 가르쳐주었다.

"헬렌, 카네이션 꽃은 빨간 빛깔을 가지고 있답니다."

그러자 헬렌이 설리번의 손에 글씨를 썼다.

"그럼 카네이션은 내 입술과 같겠군요. 내 입술이 빨갛다고 했잖아요?"

아무것도 볼 수 없었던 헬렌이었지만 푸른 하늘과 빨간 입술을 연상한 것은 색깔에 대한 관념을 어느 정도 이해하게 되었다는 분명한 증거였다.

헬렌의 지적 능력이 발달하면 할수록 설리번은 헬렌의 늘어난 지식욕을 채워주어야 했기 때문에 많은 자료를 보며 연구를 해야 했

다. 물론 설리번도 가끔씩 피곤을 풀어야 했고 또 가르치기 위해 준비 공부를 할 시간도 필요했다. 설리번은 그런 시간을 얻기 위해 좋은 방법을 생각해냈다. 헬렌에게 글짓기 공부도 시킬 겸 일기를 쓰도록 하는 일이었다. 이 무렵부터 쓰기 시작한 헬렌의 일기는 건강한 아이들이 가질 수 있는 일상적인 생각에 비해 표현력과 상상력이 매우 풍부하고 자유로웠다.

1888년 3월 2일

나는 아침에 일어나서 얼굴을 씻은 다음 이슬에 젖은 오랑캐꽃을 몇 송이 따서 선생님께 드렸다. 아침식사를 한 후 나는 잠시 인형과 함께 놀았다. 애덜라인 켈러가 생긴 다음부터 낸시는 자꾸 짜증을 낸다. 그러면 그때마다 나는 낸시를 달래주어야만 한다.

나는 책에서 무서운 짐승 이야기를 읽었다. 자기보다 작은 것을 함부로 잡아먹는다고 했다. 나는 그런 무서운 짐승은 싫다.

오늘은 제임스 아저씨에게 편지를 썼다. 제임스 아저씨는 의사이기 때문에 병든 아이들을 고쳐준다. 나는 병을 몹시 싫어한다.

저녁식사 후 나는 선생님과 함께 침대 위에서 장난을 치며 놀았다. 선생님은 베개로 내 머리를 눌렀다. 나는 지금부터 잠을 잔다.

3월 22일

오늘은 아나그너스 교장 선생님께 편지를 부쳤다. 퍼킨스 맹아학교에는 눈먼 소녀와 소년들이 백 명이 넘는다고 하셨다. 눈먼 소녀들은 나에게 예쁜 상자를 선물로 보내주었다. 그 안에는 실, 바늘,

가위, 바늘꽂이, 줄자, 단추 등이 들어 있었다. 나는 소녀들에게 고맙다는 편지를 써서 부치기로 했다.

선생님은 나에게 '평안'이라는 말의 뜻을 가르쳐주셨다. 그것은 조용하고 행복하다는 뜻이라고 했다.

나는 모리스 아저씨가 선물로 준 책에서 새에 대한 이야기를 읽었다. 메추라기는 풀섶 사이에 둥지를 만들고 사는데 한 번에 15개 정도의 하얀색 알을 낳는다고 했다. 그런데 개똥쥐빠귀는 고목나무 구멍 안에 집을 짓고 사는데 알은 푸른빛이라고 했다.

나는 선생님에게 봄 노래를 배웠다.

눈은 녹아 물이 되어 시냇가로 흐르고
종달새는 봄이 왔다고 즐겁게 노래한다
3, 4, 5월은 봄이다

그해 4월 16일, 헬렌은 설리번을 따라 처음으로 교회에 나갔다. 그날 아침 아더 켈러가 설리번에게 말했다.

"오늘부터 헬렌을 교회에 데리고 갑시다. 처음엔 익숙하지 않아서 엉뚱한 행동을 할지도 모르지만 자주 나가게 되면 점점 적응할 겁니다."

"참으로 좋은 생각이에요. 이제부터는 무엇보다도 하나님을 믿는 신앙을 배우는 일이 헬렌에게 중요하다고 생각합니다."

그래서 이날부터 헬렌은 교회에 나가기 시작했다. 헬렌이 설리번과 함께 도착하자 주일학교 학생들이 우르르 모여들면서 헬렌을 둘러쌌다. 그러자 또 헬렌은 남자아이 여자아이 할 것 없이 붙들고 일일이 키스를 해주었다. 자리를 잡자 헬렌은 설리번에게 물었다.

"이 아이들이 다 목사님의 아이들인가요?"

"아니, 다 헬렌과 같은 학생들이에요."

헬렌은 아직 주일학교가 무엇인지 몰랐다. 어른들이 예배드리는 시간이 되자 예상했던 대로 헬렌은 여기저기 돌아다니면서 아무나 붙잡고 키스를 해댔다. 반가움의 표시였다. 헬렌의 성격은 그만큼 밝았다.

보스턴 여행

1888년 5월이 왔다.

헬렌의 여덟 번째 생일이 얼마 남지 않은 어느 날 헬렌은 어머니와 선생님과 함께 오랫동안 기다렸던 보스턴 여행을 하게 되었다. 헬렌에게 있어 열차를 타고 먼 길을 여행하는 것은 마음 들뜨도록 신나는 일이었다. 목적지는 퍼킨스 맹아학교였다.

퍼킨스 맹아학교의 아나그너스 교장이 그 무렵에 있게 될 종업식에 헬렌과 설리번을 초청했기 때문이다. 그때 퍼킨스 맹아학교 안에서는 설리번이 화제가 되어 있었다. 설리번과 헬렌의 이야기가 벌써 아나그너스 교장을 통해 전해졌기 때문이다. 그래서 이런 기회에 맹아학교에 있는 모든 선생님들이 설리번의 교육 방법을 직접 듣기도 하고 또 여러 가지 질문도 하고자 했다.

설리번은 어려운 교육을 성공시킨 모델 교사가 되어 있었다. 귀머거리요, 소경이며 벙어리인 한 소녀를, 그것도 고집불통이요, 사납게 제멋대로 자라난 아이를 사랑과 인내를 가지고 훌륭하게 길러놓았다는 것은 아무나 하기 힘든 일이었다.

설리번 역시 감개무량하지 않을 수 없었다. 헬렌과 함께 지냈던 일들이 꿈만 같았기 때문이다. 무엇보다도 퍼킨스 맹아학교를 떠나기 전 아나그너스 교장 선생님이 들려주었던 말이 떠올랐다.

"설리번 선생님처럼 침착하고 참을성이 많은 분은 틀림없이 헬렌을 훌륭하게 가르칠 수 있다고 확신합니다. 그래서 나는 당신을 추천한 것입니다. 그러니 이 일을 하나님의 뜻으로 알고 기쁘게 받아 주시기 바랍니다."

벌써부터 설리번의 눈에는 눈물이 고이기 시작했다. 아나그너스 교장의 기대에 어긋나지 않을 만큼 헬렌을 가르쳤다는 사실이 몹시 감격스러웠다. 헬렌도 이미 2년 전의 소녀가 아니었다. 제법 어른처럼 의젓한 태도로 의자에 앉아 있는 모습은 누가 보아도 대견할 정도였다.

아름다운 테네시 강물이 밝은 태양을 받아 황금빛으로 빛나고 있었다. 또 넓은 밭에는 하얀 목화가 아름답게 피어 있었다. 헬렌은 열차 안에서 설리번의 곁에 앉아 열심히 점자책을 읽다가 물었다.

"지금 지나는 곳은 어디지요?"

"테네시 강변."

"창밖으로는 무엇이 보이나요?"

"넓은 들판, 그리고 끝없이 펼쳐져 있는 목화밭."

"또…."

"저쪽엔 푸른 언덕."

"무척 아름답겠죠?"

"그래도 헬렌의 마음보다 아름답진 않아요."

"그게 무슨 뜻이지요?"

"이 세상에서 깨끗한 사람의 마음처럼 아름다운 것은 없거든요."

설리번은 이런 얘기들을 통해서도 헬렌의 마음을 아름답게 만들어주려고 노력했다. 어느새 검푸른 산과 울창한 숲이 지나갔다. 열차가 정거장에 멎을 때마다 흑인들이 불에 구운 옥수수, 과자 등을 팔기 위해 차창 아래로 몰려들었다. 설리번은 그런 광경을 일일이 헬렌에게 알려주었다.

"지금 열차가 정거장에 섰어요."

"정거장은 어떤 곳이에요?"

"열차가 멎은 다음 손님들이 오르내리는 곳이죠."

보스턴으로 가는 도중에 헬렌 일행은 워싱턴에서 내렸다. 오랜만에 알렉산더 벨 박사를 방문하기 위해서였다. 이들에게 벨 박사는 구면이었다. 헬렌이 아버지인 아더 켈러 그리고 어머니인 케이트와 함께 벨 박사를 찾은 것은 벌써 2년 전의 일이었다. 그때 벨 박사는 아나그너스 교장을 소개해주었고 이런 일로 결국 설리번을 만날 수 있었던 것이다. 그러니까 벨 박사는 헬렌에게 있어 첫 번째 은인이었다.

2년 전 헬렌이 처음으로 이곳을 방문했을 때는 할 수 있는 게 거의 없었다. 그러나 지금은 완전히 달랐다. 지화법으로 벨 박사와 얼마든지 얘기할 수 있었기 때문이다. 헬렌의 그런 모습을 보며 벨 박

사는 너무나 놀라워했다.

"아, 정말 놀랍습니다. 설리번의 교육이 이처럼 대단하다니 정말 훌륭합니다."

"다 박사님의 격려 때문입니다. 무엇보다도 하나님의 은총에 감사드리고요."

벨 박사의 칭찬에 설리번은 겸손하게 대답했다.

"헬렌, 예전에 여기에 왔던 것을 기억하나요?"

"네. 하지만 그때는 여행한 것만 알았지 벨 박사님이 어떤 분인지는 몰랐어요."

벨 박사와 헬렌은 지화법으로 많은 이야기를 나누었다. 이러한 벨 박사와의 만남은 뒷날 헬렌이 클리블랜드 대통령을 만나게 되는 계기가 되기도 했다. 벨 박사가 헬렌의 놀라운 교육 효과를 당시 대통령에게 알렸기 때문이다. 대통령은 벨 박사의 말을 듣고 나서 설리번과 헬렌을 백악관으로 초청하여 아낌없이 격려와 칭찬을 해주었던 것이다. 헬렌은 그후에도 몇 차례에 걸쳐 다른 대통령들도 만나게 되었다.

벨 박사를 만난 후 그들은 다시 보스턴을 향해 떠났다. 보스턴은 설리번에게 있어 참으로 많은 추억이 서려 있는 곳이었다. 특히 맹아 소년 소녀들의 전송을 받으면서 앨라배마의 터스컴비아로 출발했던 일이 엊그제 같기만 한데 벌써 2년이라는 세월이 지났다니 감회가 새로웠다. 마침내 열차가 보스턴 역에 도착했다.

"여기가 보스턴이라는 곳이에요."

설리번이 그 사실을 알리자 헬렌은 벌써부터 흥분되었다.

"아이 좋아! 동화의 나라에 온 것처럼 꿈만 같아요."

헬렌의 얼굴엔 기쁨이 만연했다. 역에는 벌써 아나그너스 교장과 몇 명의 학생들이 마중을 나와 있었다. 아나그너스 교장은 먼저 설리번의 손을 꼭 잡으면서 말했다.

"선생님, 정말 장하십니다."

"모두 교장 선생님께서 기도해주신 덕분입니다."

"2년 전만 해도 어떻게 해야 할지 아득하기만 했는데 헬렌이 이렇게 의젓한 모습으로 변하게 되었으니 대단합니다."

"정말 꿈만 같아요."

2년 전 설리번이 헬렌을 처음 만났을 때의 모습은 사람이라기보다는 '한 마리의 작은 들짐승'이라는 표현이 더 가까울 정도였다. 그러나 지금은 마음도 아름다워졌을 뿐만 아니라 자기의 생각을 조금도 불편함 없이 자유롭게 표현하게 되었지 않은가!

"안녕하세요, 아나그너스 교장 선생님."

헬렌은 마치 춤을 추듯 옆으로 윗몸을 살짝 굽힌 후 인사말을 썼다.

"무척 기다렸어요. 헬렌."

이번에는 아나그너스 교장이 헬렌의 인사를 받으면서 두 볼에 키스해주었다. 퍼킨스 맹아학교에 이르자 그동안 편지로만 사귀었던 눈면 소년 소녀 친구들이 우루루 몰려나와 반갑게 환영해주었다. 헬렌은 얼마 동안 그곳 친구들과 함께 즐거운 시간을 보냈다. 무엇보다도 헬렌을 기쁘게 한 것은 누구와도 손가락으로 자유롭게 이야기할 수 있다는 점이었다. 선생님의 통역 없이도 얼마든지 서로 말을 전할 수 있었다.

　그날 밤 퍼킨스 맹아학교에서는 헬렌을 위한 환영파티가 열렸다. 설리번은 이 파티에 참석하면서 헬렌만큼이나 기뻐했다.

≈

　이윽고 졸업식 날이 되었다. 졸업식은 엄숙한 분위기 속에서 조용하게 치러졌다. 설리번은 감격스러웠다. 하얀 가운을 입고 졸업 연설을 했던 때의 일이 엊그제처럼 떠올랐기 때문이었다. 졸업식이 끝나갈 무렵 아나그너스 교장의 청에 의해 헬렌은 설리번에게 인도되어 단상 위로 올라갔다. 졸업하는 아이들에게 용기를 주도록 몇 마디 들려달라고 했기 때문이다.

　식장에 모인 사람들은 일시에 헬렌을 주목했다. 이윽고 헬렌은 설리번의 손에다 손가락으로 글자를 썼다. 설리번은 큰소리로 낭독해 주었다.

　"나 헬렌은 여기 있는 여러분보다 훨씬 불행한 아이였답니다. 여러분은 귀로 들을 수 있지만 나는 귀머거리이니까요. 그러나 지금은 손으로 이렇게 얼마든지 말할 수 있어요. 이렇게 할 수 있다는 것만도 얼마나 큰 기쁨인지 몰라요. 그러니 여러분도 용기를 가지세요."

　짧은 말이었지만 헬렌의 연설이 끝나자 장내는 떠나갈 듯한 박수가 울려 퍼졌다. 헬렌의 말은 그곳에 모인 많은 사람들과 학생들에게 감동을 안겨주었다. 헬렌은 후에 자서전에 그때의 일을 다음과 같이 기록했다.

나는 그때까지도 내가 불행한 사람이라고 생각하거나 슬픈 사람이라고 생각해본 일이 많지 않았다. 그러나 맹아학교에 가서야 나는 불행한 아이들이 생각보다 많다는 것을 알고 참으로 슬프지 않을 수 없었다.

헬렌은 보스턴에 머무는 동안 몇 군데 가볼 만한 곳을 케이트와 설리번과 함께 다니면서 구경했다. 헬렌은 보스턴이 무척 마음에 들었다. 헬렌이 먼저 간 곳은 코먼 공원이었다. 이곳은 미국 사람들이 맨 처음에 나라를 세울 때 군사들의 훈련 장소였다가 평화가 계속되면서 소를 기르는 장소로 변했다. 떼를 지어 이곳저곳으로 몰려다니는 소들에 의해 구불구불한 길이 많이 생기게 되었는데 후에 정부에서 그곳을 공원으로 만들었던 것이다. 코먼 공원은 소들이 만들어 놓은 구불구불한 길을 기념하기 위해 그대로 길을 만들었기 때문에 다른 공원과는 달리 재미있는 점이 많았다.

헬렌이 다음으로 간 곳은 벙커힐Bunker Hill이었다. 벙커힐은 독립전쟁 당시 영국 군대와 격전을 벌였던 곳이었다.

"독립전쟁이 뭔가요?"

헬렌은 설리번에게 물었다.

"미국이 영국으로부터 독립하기 위해 싸운 전쟁이었죠."

"우리 미국이 영국의 노예였나요?"

"노예는 아니었지만 그때 미국은 영국의 연방국가에 속했기 때문에 무거운 세금에 시달려야 했지요."

"영국 사람과 미국 사람은 어떻게 다른가요?"

"다른 것은 없어요. 원래 미국 사람들은 영국으로부터 신앙의 자유를 누리기 위해 대서양을 건너 이 신대륙으로 왔던 사람들이었으니까요."

"그러니까 독립전쟁을 통해서 미국이 생겨났군요."

"맞아요. 우리는 지금 그 싸움터에 서 있는 거예요."

"그럼 이곳에서 무척 많은 사람들이 죽었겠네요."

헬렌은 마치 그날의 일들을 더듬기라도 하는 듯 고개를 갸우뚱하며 물었다. 헬렌은 벙커힐에서 설리번으로부터 미국의 역사에 대해 들었다. 헬렌의 가슴은 벅찼다.

헬렌이 세 번째로 간 곳은 배를 타고 건너야만 했던 플리머드plymouth였다. 플리머드는 신앙의 자유를 찾아 영국에서 배를 타고 대서양을 건너 온 청교도들이 미국 대륙에 맨 처음 발을 디뎠다고 전해지는 기념 바위가 있는 곳이었다.

"청교도들이란 어떤 사람들이었나요?"

헬렌은 또 설리번에게 물었다. 설리번은 무척 중요한 일이란 듯 차분히 들려주었다.

"옛날 영국에 하나님을 믿는 착한 사람들이 살았어요. 그런데 영국 왕은 이 사람들이 자기의 말을 듣지 않는다고 몹시 화를 냈답니다."

"그래서 어떻게 되었나요?"

"할 수 없이 그들은 영국을 떠나 네덜란드로 갔습니다."

"다음에는요?"

"후에 바다 건너에 새로운 대륙이 있다는 말을 듣고 자기들끼리

자유롭게 살기 위해 배를 탔지요. 그리하여 여러 달 만에 마침내 새로운 땅인 이곳 미국에 도착한 거예요. 그들은 너무 기뻐서 하나님께 감사예배를 드린 후 바닷가에 있는 큰 바위로 올라가 목이 터져라 만세를 불렀답니다. 그 바위가 지금 우리가 앉아 있는 바위지요."

"그러니까 이 바위가 우리 미국을 낳았군요?"

"맞았어요. 그래서 기념 바위가 된 거죠."

이런 이야기를 듣고 있던 헬렌은 마치 그때로 돌아간 듯 깊은 생각에 잠겨 있었다.

플리머드에는 옛날 청교도들이 타고 왔던 메이플라워호와 똑같은 배가 모형으로 만들어져 있었고 그 안에는 그 당시 사람들이 싣고 왔던 물건들이 진열되어 있어 그날을 기념하고 있었다.

이런 견학을 통해 헬렌의 세계는 자꾸 넓어져갔다.

"헬렌, 이번에 많은 것을 알게 되었죠?"

설리번이 묻자 헬렌은 머리를 끄덕이면서 대답했다.

"그래요. 세상은 무척 넓고 오래된 것 같아요."

정다운 편지들

헬렌은 보스턴에서 지내는 동안
새로운 세상을 많이 경험했다. 모든 게 새롭고 경이로웠다. 케이트는
헬렌이 설리번과 함께 좀 더 보스턴에 머물러 있기로 했기 때문에 혼
자서 고향 터스컴비아로 돌아갔다. 헬렌은 퍼킨스 맹아학교에서 지
내는 동안 그곳 아이들과 함께 어울려 공부를 했다. 이런 공부 역시
분위기와 방법이 전혀 달랐기 때문에 헬렌은 마냥 신이 났다.

어느새 여름방학이 되었다. 학교의 사감인 호프킨스 부인이 헬렌
과 설리번을 부르스타 해변가에 있는 자신의 별장으로 초대했다.

"설리번, 이제 방학도 되었으니 며칠만이라도 헬렌과 함께 내 별
장에 가서 지내도록 해요. 얼마나 호젓하고 시원한지 모른답니다."

"정말 감사합니다. 헬렌도 무척 기뻐할 것입니다."

설리번은 호프킨스 부인의 청을 기꺼이 받아들였다. 별장은 참으

로 호젓하고 시원했다. 나지막한 산이 사방으로 둘러싸여 있고 숲까지 울창했기 때문이다.

"이곳이 어디예요?"

"사감 선생님의 별장이에요."

"별장은 무슨 일을 하는 곳이죠?"

"일하다가 쉬고 싶을 때 와서 조용히 지내는 곳이랍니다."

"그럼 경치도 무척 아름답겠군요?"

"맞아요. 지금 여긴 울창한 숲이 빙 둘러 있어요."

"아이 좋아. 이런 곳에서 오래 살았으면 좋겠어요."

헬렌은 무척 좋아했다. 별장에서 지내는 것도 즐거웠지만 한낮이 되어 부르스타 해변에서 수영하며 보내는 시간을 헬렌은 더 즐거워했다.

"자, 이제 우리 바닷가에 나가요."

설리번은 헬렌에게 예쁜 수영복을 입혀주었다. 헬렌은 설레는 가슴으로 설리번을 따라 바닷가로 나갔다. 바닷가에는 은빛 모래가 한없이 펼쳐져 있었다. 밀려온 파도가 발목을 찰싹찰싹 때리자 헬렌은 입을 딱 벌리며 한동안 어쩔줄 몰라하며 기뻐했다. 그런 상쾌한 기분은 생전 처음 맛본 것이었다.

설리번은 자기 몸을 물속에 담그면서 헬렌의 몸도 살포시 담가주었다. 그러자 헬렌은 벙글벙글 웃었다. 바로 이때였다. 또 한 차례 파도가 쏴 하고 밀려오더니 이번에는 헬렌의 얼굴을 철썩 쳤다.

"어푸."

헬렌은 잠시 놀란 듯하더니 설리번에게 물었다.

"선생님, 누가 이 바닷물에다 소금을 넣었나요?"

"아니에요. 소금을 넣은 게 아니라 본래부터 바닷물 안에는 소금이 들어 있는 거예요. 우리가 먹는 소금은 이 바닷물로 만드는 거랍니다."

헬렌은 설리번의 말을 듣고 신기하다는 표정을 지었다. 그리고 물에서 나온 다음 손으로 모래성을 쌓기도 하고 조개껍질을 줍기도 했다. 이렇게 평화롭게 놀고 있는 헬렌은 누가 보아도 불구이거나 불행한 아이처럼 보이지 않았다.

그후 헬렌은 설리번과 함께 뉴잉글랜드에도 갔다. 뉴잉글랜드는 겨울 풍경이 아름답기로 유명한 곳이었다. 겨울이 되면 호수마다 두꺼운 얼음이 깔리고 그 위로 하얀 눈이 내려 끝없는 평원을 만들었기 때문이다.

그보다도 더 아름다운 것은 앙상한 나뭇가지마다 눈꽃들이 활짝 핀 모습이었다. 거기에 햇빛을 받아 은색의 빛으로 반짝이는 모습은 말로 형언하기 어려울 정도로 아름다웠다. 설리번이 뉴잉글랜드의 그런 겨울 모습을 설명해주자 헬렌은 감탄하며 그러한 풍경을 바라보기라도 하는 듯 눈을 깜박이며 서 있었다.

헬렌은 보스턴에서 그해 10월까지 머물면서 여러 곳을 다니며 많은 경험을 통해 그의 세계를 더욱 넓혀갔다.

편지를 쓰는 솜씨도 훨씬 늘었다. 헬렌은 고향에 계시는 어머니에게 다음과 같은 편지를 보냈다.

사랑하는 어머니에게

선생님과 저는 그동안 사감 선생님인 호프킨스 부인의 별장에서 지내기도 하고 부르스타 해변에 가서 놀기도 하였습니다. 그리고 뉴잉글랜드에도 가보았습니다. 웨스트 뉴턴에 갔을 때는 프리이먼 부인이 마차를 타고 역까지 마중을 나와 우리를 맞아주었습니다. 부인의 집에는 예쁜 토끼와 살찐 강아지들과 새끼 고양이들, 타고 놀기 좋은 망아지도 있었습니다.

저는 많은 여자아이들과 재미있게 놀았습니다. 그 아이들은 저를 무척 친절하게 대해주었습니다. 저는 거기서 바퀴가 세 개 달린 차도 타고, 과일도 먹고, 춤도 추고, 부인과 함께 드라이브도 즐겼습니다. 도울 아저씨는 중국 아이들은 이야기를 할 수 없다고 들려주었습니다. 저는 어서 중국에 가서 그곳 아이들에게 손가락 이야기를 가르쳐주고 싶습니다.

돌아오는 열차에서 윌리라는 여섯 살 난 남자애를 만났습니다. 그 아이는 저한테 아주 맛있는 배를 한 개 주었습니다. 저는 그 아이만한 때 누구에게 무엇을 준 적이 없습니다.

어서 집에 가서 미들렛을 보고 싶습니다. 어머니에게 많은 사랑과 키스를 보냅니다.

어머니의 딸 헬렌 켈러.

가정부 버어니에게는 다음과 같은 편지를 써 보냈다.

가장 사랑하는 아줌마에게

저는 곧 집으로 돌아가려고 합니다. 아줌마는 저를 오랜만에 보시면 무척 기뻐하시겠죠. 저는 이곳에서 여러 가지를 배웠습니다. 저는 참 행복한 아이입니다. 저는 이곳 학교에서 그동안 프랑스어, 라틴어, 그리고 독일어와 그리스어도 공부했습니다.

'시 아가보'는 그리스 말로 '나 그대를 사랑함'이라는 뜻입니다. 또 '재윈 본느 쁘띠드 쇠에르'라는 말은 프랑스어인데 '나는 한 사람의 착하고 작은 여동생을 가지고 있다'는 뜻입니다. '누자봉 윙 봉 뻬에르 에띤 본 메에르도' 이것도 프랑스 말인데 '나는 좋은 아버지와 어머니를 모시고 있다' 는 뜻입니다. '쁘우르'는 라틴어로 '남자애'란 뜻이고 '무테르'는 독일 말로 '어머니'란 뜻입니다. 저는 집에 돌아가면 미들렛에게 여러 나라 말을 가르쳐주고 싶어요. 아줌마에게 키스를 보냅니다.

아줌마의 좋은 친구 헬렌 켈러 씀.

헬렌은 아버지에게도 편지를 쓰는 것을 잊지 않았다.

사랑하는 아버지에게

저는 아버지를 무척 사랑합니다. 아버지가 저를 무척 사랑해주시기 때문입니다. 저는 동생 미들렛을 좋아합니다. 아버지는 얼마 있지 않아서 저한테 씩씩한 남자 동생도 데려다주시겠지요.

이곳에서 만난 친구의 아버지인 제임스 아저씨는 저에게 예쁜 마차와 망아지를 주셨습니다. 그 친구 동생들은 모두 착한 아이들입니다. 또 한 친구 아버지인 베이커 대위는 자기가 병이 나으면 저를 큰 배에다 태우고 아프리카 구경을 시켜준다고 하셨습니다. 아프리카에 가면 사자와 호랑이, 원숭이들도 만날 수 있겠지요. 저는 그때 아기 사슴과 곰을 우리 집으로 데리고 올 생각입니다.

저는 부르스타 바닷가에서 재미있는 시간을 보냈습니다. 물장구를 치면서 놀 때는 참 즐거웠습니다. 저는 이제 바다도 무서워하지 않습니다. 아버지에게 사랑과 키스를 보냅니다.

아버지의 딸 헬렌 켈러 드림.

헬렌은 여러 달 만에 설리번과 함께 터스컴비아의 집으로 다시 돌아왔다. 케이트도 몹시 반가워했지만 누구보다도 기뻐한 사람은 아버지 켈러였다.

"선생님, 우리 헬렌을 데리고 거기서 지내는 동안 얼마나 수고가 많으셨습니까?"

"집에서 지낼 때보다도 헬렌이 훨씬 더 어른스러웠답니다. 배운 것도 많았고요."

켈러의 칭찬에 설리번은 겸손하게 대답했다. 버어니 아줌마도 얼마나 반가웠던지 헬렌을 번쩍 안았다.

헬렌은 보스턴에서 터스컴비아의 집으로 돌아온 후 여러 사람에게 편지를 써 보냈다. 그중에서도 가장 먼저 친구 베네트에게 편지를 썼다. 베네트는 헬렌이 보스턴에서 지내는 동안 가장 친하게 지냈던 친구였다.

친구 베네트에게

나는 이 편지를 쓰게 되어 참으로 기쁩니다. 나는 집에 와서도 재미있게 지내고 있습니다. 나는 조금 전에 아침식사를 하였습니다. 지금 동생 미들렛은 아래층에서 뛰어다니고 있습니다. 미들렛이 뛰어다니면 위층도 울립니다.

나는 천문학에 관한 책을 읽고 있습니다. 천문학자들은 별을 연구하여 그 일들을 우리에게 재미있게 들려줍니다. 우리들이 침대에서 깊이 잠들어 있을 때에도 그들은 망원경을 가지고 아름다운 밤하늘을 지켜보고 있습니다. 별은 아주 멀리 떨어져 있기 때문에 망원경이 아니면 볼 수가 없습니다.

설리번 선생님은 우리 집 창문에도 빛나는 샛별이 보인다고 늘 말했습니다. 샛별은 크고 아름다운 별이라고 합니다. 나는 별들도 손으로 만져볼 수 있었으면 좋겠다고 생각합니다. 그러면 별들도 우리에게 재미있는 이야기를 들려줄 것입니다.

우리 마을 가까이에도 내 또래의 아이들이 다니는 학교가 있습니다. 그렇지만 맹아학교 아이들과는 아주 다른 아이들이랍니다. 그들은 모두 눈으로 볼 수 있고 귀로 들을 수도 있습니다. 그래도 그 아이들은 나를 무척 좋아합니다. 나는 그 아이들에게도 빠짐없이 키스해줍니다.

다정한 친구인 헬렌 켈러.

헬렌은 시집을 읽은 후 알게 된 유명한 시인인 존 피처에게도 편지를 보냈다.

사랑하는 피처님

당신은 제 편지를 받고 아마 놀라시겠죠. 그러나 제가 당신의 시를 읽은 후 얼마나 큰 행복을 느꼈는지 아신다면 더 놀라실 것입니다. 저는 어제 당신이 쓴 '소꿉친구'라는 긴 시를 읽고 갈색 눈과 금발을 가진 소녀의 죽음을 대단히 슬퍼하였습니다.

아름다운 세상에 살고 있다는 것은 정말 행복한 일입니다. 저는 아름다운 것들을 눈으로는 볼 수 없지만 마음으로는 다 볼 수 있기 때문에 늘 즐겁게 살고 있습니다. 저는 뜰에 핀 꽃을 눈으로는 볼 수 없지만 그 향기만으로도 얼마나 그 꽃이 아름다운 것인지 알고 있어요.

꽃이나 새, 그리고 사람들에 대해 아름다운 점을 많이 가르쳐주신 당신을 저는 깊이 사랑합니다.

당신의 친구 헬렌 켈러 올림.

퍼킨스 맹아학교의 아나그너스 교장이 유럽을 여행하게 되었다는 소식을 들은 후 헬렌은 다음과 같은 편지를 써 보냈다.

사랑하는 아나그너스 교장 선생님께

어제 저녁에 두 통의 편지를 받고 제가 얼마나 기뻤는지 아마 선생님은 상상조차 할 수 없으실 거예요. 그런데 교장 선생님께서 그처럼 먼 곳으로 가신다고 생각하니 어쩐지 슬퍼집니다. 저는 교장 선생님께서 유럽을 여행하시는 동안 편지를 보내주시기를 바라겠습니다.

네덜란드에 가시면 아름다운 빌헬름 공주님께 안부를 전해주세요. 그 공주님은 장차 여왕이 될 것입니다. 또 혹시 영국에 가시면 훌륭한 엘리자베스 여왕에게 제 이야기를 들려주세요. 그리고 여왕님의 어린 딸이 죽은 일에 대해서도 제가 몹시 슬퍼하고 있다고 전해주세요. 그리고 나폴리의 빅토리아 왕자님께 제 키스를 전해주세요. 저가 열세 살쯤 되면 그 분들을 모두 찾아뵐 계획입니다. 긴 여행에서 돌아오실 때까지 교장 선생님께서 계속 건강하시길 바랍니다.

헬렌 켈러 올림.

이 편지에서 말한 여왕, 공주, 왕자 등은 헬렌이 다 책을 통해서 알게 된 이름들이었다.

이듬해 여름이었다.

설리번은 오랜만에 석 달 동안 휴가를 얻어 고향에 가게 되었기 때문에 헬렌과 떨어져 있어야만 했다. 그 사이에도 헬렌은 설리번에게 여러 통의 편지를 보냈다.

사랑하는 설리번 선생님에게
저는 오늘 온종일 선생님을 생각하였습니다. 저는 지금 발코니에 걸터앉아 있습니다. 저의 작은 비둘기는 의자 등에 앉아서 제가 선생님에게 편지를 쓰는 것을 엿보고 있습니다. 지금은 아름다운 꽃들이 정원에 활짝 피어 있습니다. 그것 때문에 집 안은 온통 꽃향기로 가득합니다.

시원한 숲에 가면 아주 재미있는 시간을 보낼 수 있을 것 같습니다. 어서 선생님께서 돌아오시기를 기다립니다. 아름다운 별을 사랑했다는 사내아이의 이름이 뭐라고 했죠? 에바는 하이디라는 예쁜 소녀 이야기를 해주었다죠. 그 책을 저한테 보내주실 수는 없을까요?

주일이면 저는 꼭 아버지, 어머니와 함께 교회에 갑니다. 그때마다 많은 친구들을 만나는 일이 기쁩니다. 또한 매일 책을 읽습니다. 어떤 책이나 다 좋아합니다.

선생님이 무척 그립습니다. 저는 지금 오천 번이 넘는 키스와 함께 말로 다할 수 없는 사랑을 보내드립니다.

선생님의 제자 헬렌 켈러 올림.

널리 알려진 이름

설리번이 휴가를 마치고 돌아오자
헬렌은 무척 기뻐했다. 설리번은 새로운 마음을 가지고 다시 헬렌을
가르치기 시작했다. 예전에도 그랬지만 헬렌은 모든 생명을 무척 신
비롭게 여기면서 사랑했다.

어느 날이었다. 정원에서 보드라운 꽃잎을 만져보고 있던 헬렌이
물었다.

"꽃도 말을 하나요?"

설리번은 의외의 질문에 조금은 놀라며 대답했다.

"그래요. 꽃도 말을 하지요."

"어떻게요?"

"헬렌이 손가락으로 말하듯 꽃은 꽃잎으로 말을 하지요."

"그럼 꽃도 마음이 있겠군요?"

"그럼요!"

"어떻게 아나요?"

"색깔이 그 마음을 보여주니까요."

"그럼 지금 이 꽃은 무슨 마음이지요?"

"하얀 꽃이니까 하얀 마음."

이때 헬렌이 머리를 갸웃거리며 다시 물었다.

"그러니까 이 꽃은 꽃잎으로 나처럼 하얀 마음이 되라고 들려주고 있군요."

"맞았어요. 헬렌은 참으로 훌륭하게 이 꽃이 하는 말을 알아듣고 있어요."

"그럼 파란 꽃은 무슨 말을 하고 있나요?"

"파란 꿈을 가지고 살라고 속삭이지요."

"붉은 꽃은?"

"서로 뜨겁게 사랑하라고 말해줘요."

"노란 꽃은?"

"마음에 평화를 가지고 살라고 하지요."

"…."

"살아 있는 것은 다 말하고 있답니다."

"그러고 보면 살아 있다는 것은 정말로 신기한 일이네요?"

"그렇지요. 살아 있다는 것은 정말 신기해요."

날이 갈수록 헬렌은 더욱 살아 있는 것들을 사랑하게 되었다. 헬렌은 집에서 기르고 있는 토끼와 시간을 보내는 것을 무척 즐거워했다. 헬렌이 토끼를 그처럼 좋아한 것은 솜처럼 보드라운 털 때문이었다. 두 귀를 쫑긋하고 껑충껑충 뛰는 모습을 만져보면서는 두 손으로 가슴을 두들기면서 깔깔거리며 웃기도 했다.

～

헬렌이 무엇보다도 사랑하고 아낀 것은 설리번이 다시 사다 준 작은 카나리아였다. 헬렌은 예전에 배웠던 대로 아침마다 자기 손으로 새장 안을 깨끗하게 청소하고, 맑은 물을 떠다 놓고, 먹이를 넣어주곤 했다.

어느 날 아침, 헬렌이 설리번에게 이렇게 물었다.

"카나리아 새는 그 목소리가 몹시 아름답다고 했지요?"

"맞아요. 아침마다 헬렌의 집 안에 아름다운 노래를 선물해주고 있어요."

정말 그랬다. 카나리아는 맨 먼저 일어나서 고운 목소리로 아름다운 노래를 불러주기 때문에 헬렌의 가족들은 아침마다 카나리아의 노래를 들으면서 상쾌한 기분으로 잠자리에서 일어나곤 했던 것이다. 헬렌은 다시 물었다.

"카나리아는 어떻게 아름다운 노래를 부를 수 있을까요?"

"카나리아의 마음이 그만큼 아름답기 때문이죠."

"그럼 헬렌도 마음이 아름답게 되면 그렇게 아름다운 노래를 부를 수 있게 되나요?"

"물론이죠. 하나님께서는 누구의 노래보다도 헬렌이 손으로 부르는 노래를 더 아름답다고 하실 거예요."

헬렌은 그 말이 이상하다는 듯 고개를 한동안 갸웃거렸다. 손으로 노래를 한다는 말을 얼른 알아듣기 어려웠던 것이다. 어쨌든 헬렌은 한 번도 들어본 적이 없는 아름다운 노래라는 것을 마음으로 상상하기 시작했다. 전에 노래에 대해 설리번에게 들어본 적이 있었지만 역시 전혀 들어보지 못한 노래를 상상하기란 여간 어려운 것이 아니었다.

그러던 어느 날이었다. 그처럼 아끼고 사랑했던 카나리아가 뜻밖에 고양이한테 물려 죽게 되었다. 헬렌은 발을 동동 구르며 안타까워했다. 그때의 일을 헬렌은 일기에 이렇게 적었다.

아침이 되어 잠자리에서 일어난 다음 새장에 넣어줄 물을 가지러 가면서 나는 나도 모르게 그만 새장 문을 열어놓은 채 새장을 창가에 두고 갔었다. 나는 물을 가지고 다시 돌아와 새장 안에다 놓고 그 안을 더듬어보았다. 그러다가 그만 깜짝 놀라고 말았다. 조그마한 카나리아의 몸이 손에 닿지 않았기 때문이다.
나는 정신이 아찔했지만 이미 때는 지나버리고 말았다. 물을 떠가지고 돌아오면서 큰 고양이가 내 곁을 지나는 것을 알았지만 설마 그 고양이가 나의 소중한 카나리아를 물고 갈 줄은 몰랐으니 말이다.

헬렌은 발을 구르다 말고 털썩 주저앉아 두 발을 비벼대면서 울음을 터뜨렸다. 가족들은 헬렌의 울음소리를 듣고 모두 일어나 두리번거렸으나 뾰족한 방법이 없었다. 그때 저쪽에서 고양이가 벌써 카나리아를 입으로 찢고 있었기 때문이다.

한동안 울고 난 헬렌은 설리번의 손에다 이렇게 썼다.

"너무너무 슬퍼요."

"선생님이 늘 단속을 잘 해야 한다고 했잖아요."

"고양이 나쁜 놈."

설리번도 몹시 섭섭했지만 우선 헬렌을 위로해주지 않을 수 없었다.

"이 세상에는 참아야 할 일이 많답니다. 자, 이젠 울음을 그쳐요."

한편 집에서 기르고 있던 개와 조랑말도 헬렌에게 좋은 친구가 되어주었다.

헬렌은 공부를 다시 시작하면서부터 전과 달리 독특한 말을 조금씩 배워 사용하기 시작했다. '아마, 혹시, 그렇지만, 가령, 그밖에' 같은 말들이었다.

이전에는, "아줌마는 어디 갔나요?" 하고 헬렌이 물으면 설리번은, "뒤뜰에서 꽃나무를 돌봐요" 하고 분명하게 대답해주었다. 그러나 이 무렵부터는 그렇게 하지 않고, "아마 뒤뜰에서 꽃나무를 돌보나봐요" 하면서 '아마'라는 단어를 가지고 가정법을 사용하는 방법을 가르쳐주는 식이었다.

헬렌은 그런 말뜻을 처음엔 잘 알아듣지 못했다. 그러나 알아듣고 이해하기까지 수없이 반복되는 과정을 거치는 동안 어떤 문장을 통해 미루어 생각하는 사고력을 기르게 되었다. 그후부터는 글을 쓸 때에도 그런 말을 적절하게 사용하기 시작했다.

"나는 오늘 선생님과 함께 소풍을 나섰다가 갑자기 비를 만나 옷

이 다 젖고 말았다. 아마 좀 더 날씨를 알아보았더라면 비를 맞지 않았을 것이다."

헬렌은 이런 식으로 거의 자유자재로 자기 의사를 표현할 수 있게 되었다. 그 즈음에 켈러 부부는 헬렌을 더욱 훌륭하게 교육시키기 위해 몇 년 동안 퍼킨스 맹아학교에 보내자는 의견을 설리번에게 말했다.

"선생님 어떻습니까? 헬렌에게 있어 교육보다 더 중요한 것이 어디 있겠습니까?"

"좋아요. 지난해 몇 달간 그곳에서 지낼 때만 해도 효과가 굉장했거든요."

이번에는 큰 계획을 세우고서 설리번은 헬렌을 데리고 보스턴으로 떠났다. 그후 웨이드란 아저씨가 헬렌을 위하여 터스컴비아에 있는 집으로 예쁜 강아지 한 마리를 보내주었다. 헬렌은 이 소식을 듣고 웨이드 아저씨에게 곧 감사의 편지를 보냈다.

사랑하는 웨이드 아저씨께

저는 지금 막 터스컴비아에 계신 어머니로부터 아저씨가 저를 위하여 예쁜 강아지를 보내주셨다는 소식을 받고 이렇게 편지를 씁니다. 그처럼 좋은 선물을 주셔서 참으로 고맙습니다. 그 강아지를 제 손으로 받지 못한 것이 무척 서운해요.

저는 그 강아지 이름을 '라이오네스'라고 부르고 싶습니다. 저는 이곳 맹아학교에서 동물들에 대해서도 공부하였습니다. 다음에 라이오네스를 만나게 되면 여기에서 지내면서 있었던 재미난 이야기들을 많이 들려주려고 합니다. 그러면 라이오네스도 즐거워할 거예요. 제가 라이오네스에게 '너도 사람처럼 척추동물이고 또 젖빨이 동물이지만 사람처럼 서서 걷지 못하는 것이 다르단다' 하고 말해주면 라이오네스는 틀림없이 웃을 것입니다. 전에 제가 가장 사랑하는 카나리아 새를 우리 집 고양이가 그만 꿀꺽 삼켜버렸어요. 라이오네스는 절대로 그런 사나운 짓을 못하도록 가르쳐주려고 합니다. 아무쪼록 어미 개한테 제가 라이오네스를 잘 길러주겠다고 꼭 얘기해주세요. 그럼 안녕.

아저씨의 친구인 헬렌 켈러 올림.

헬렌이 보스턴에 있는 퍼킨스 맹아학교에 와서 다시 본격적으로 공부한 지 3년이란 세월이 흘렀다. 그동안 헬렌의 실력은 점점 향상되어 두각을 나타내 주위 사람들은 말할 것 없고 미국의 심리학자들과 의학자들까지도 놀라게 만들었다. 그들은 헬렌의 교육과정을 연구 자료로 삼기까지 했다.

헬렌의 이야기가 미국 전역에 널리 알려지게 된 것은 바로 그 무렵의 일이었다. 왜냐하면 심리학자들과 의학자들이 헬렌을 연구하는 일을 미국 안에 있는 여러 잡지와 신문들이 앞다투어 실었기 때문이다.

한 신문은 '미국의 기적'이라는 제목 아래 다음과 같은 논평을 썼다.

이것은 확실히 기적이다. 그리고 이것은 비단 헬렌이라는 한 소녀에게서만 일어난 기적이 아니라 우리 미국 전체의 기적이기도 하다. 왜냐하면 인류 역사상 아직 그런 교육의 효과를 어디에서도 거둔 적이 없기 때문이다.

생각해보라. 보지도 못하고 듣지도 못하고 말하지도 못하는 삼중고의 불구자 아이가 이제는 자기 마음과 정신을 자유롭게 표현할 수 있게 되었으니 어찌 놀라운 일이 아니겠는가.

또 어떤 신문은 이렇게 쓰기도 했다.

헬렌이라는 불구자 소녀가 지금까지 받아온 교육의 성과는 참으로 인류의 큰 수확이 아닐 수 없다. 왜냐하면 그런 일은 인간 누구에게도 불가능이란 있을 수 없다는 사실을 거듭 확인시켜주기 때문이다. 아무쪼록 헬렌이 더 훌륭하게 자라서 우리에게 더욱 큰 광명을 비춰주기 바란다.

헬렌이라는 불구 소녀가 그만큼 정신이 개발될 수 있었던 것은 설리번이라는 선생님의 뛰어난 교육 방법 때문이었다. 아무리 땅속에 진주가 묻혀 있더라도 그 진주를 캐낼 수 없다면 아무 소용이 없다. 진주는 캐내야만 그 가치를 인정받을 수 있기 때문이다.

또한 헬렌은 보스턴에서 지내는 사이에 여러 유명 인사들을 만나게 되었다. 그들은 미국 안에서 손꼽히는 시인, 소설가, 저명한 목사 등이었다.

헬렌에 대한 이야기가 널리 퍼지게 되자 이번에는 또 사방에서 격려의 편지가 왔다.

사랑하는 헬렌에게

나는 헬렌의 이야기를 듣고 깜짝 놀랐습니다. 아무래도 믿어지지 않았기 때문이지요. 신문과 잡지 등을 보면서 헬렌의 이야기가 거짓말이 아닌 것을 알게 되었답니다. 어디에서는 헬렌이 직접 쓴 글을 보기도 했습니다. 그 글이 얼마나 훌륭하던지 지금까지 모든 것을 분명히 보고 듣고 살아온 내가 도리어 부끄러울 지경이었습니다. 나는 아직까지 그런 글을 써본 일이 없습니다. 사랑하는 헬렌에게 뜨거운 격려를 드립니다. 그리고 언젠가는 꼭 한번 만나보고 싶다는 생각이 듭니다. 그때 나를 반갑게 맞아주기 바랍니다. 그럼 안녕.

편지를 보낸 사람들은 수없이 많았지만 내용은 모두 비슷했다. 이윽고 헬렌의 이름은 외국에까지 알려지게 되었다. 영국의 빅토리아 여왕까지도 미국에서 건너온 사람들을 통해 헬렌의 이야기를 물을 정도였다.

그렇지만 헬렌 자신은 점점 성장해감에 따라 지화법으로만 자기의 뜻과 감정을 충분히 표현할 수 없다는 것을 알고 고민하기 시작했다.

'어떻게 하면 건강한 사람처럼 자유롭게 말할 수 있을까?'

이것이 헬렌의 가장 큰 소원이었다.

어떤 방법을 통해서라도 소리를 내보고 싶다는 생각이 헬렌의 마음에 자리 잡아가고 있었다. 그래서 헬렌은 사람들이 없을 때면 늘 자기의 목과 입술에 손을 대고서 열심히 소리 내는 연습을 했다. 이 때부터 헬렌은 소리 나는 것은 무엇이든지 손으로 만져보기를 좋아했다. 고양이가 울고 개가 짖어대면 그 목에다 손을 대보았다. 또 사람들이 노래를 부르거나 무슨 말을 하게 되면 반드시 그 목을 만져보았다. 소리 내는 것에 대한 헬렌의 관심은 점점 커져갔다. 헬렌이 아무리 지화법에 능하더라도 대부분의 사람들은 지화법을 모르기 때문에 마음껏 의사 전달을 할 수 없는 것이 헬렌의 마음을 괴롭게 했던 것이다.

드디어 입이 열리다

　　　　　　　　　　　헬렌이 열 살이 되던 해
그러니까 1890년 봄이었다. 뜻밖에 램슨 부인이 불쑥 헬렌과 설리번
을 찾아왔다. 램슨 부인은 디킨스가 쓴 《미국의 기행》의 주인공인
로올 부리지면을 하우 박사와 함께 가르쳤던 선생님이었다. 부인은
그때 스웨덴과 노르웨이의 맹아학교를 시찰하고 돌아온 지 얼마 안
되었을 때였다. 램슨 부인이 설리번에게 말했다.
　"저는 이번에 북유럽 여러 나라에 있는 맹아학교들을 돌아보고
왔어요."
　"오, 그러세요?"
　설리번은 몹시 반가워하면서 보고 온 일들을 들려달라고 청했다.
　"유럽 여러 나라의 맹아학교 시설들은 우리 미국보다 훨씬 나았
습니다."

"그럴 테지요."

"무엇보다도 놀란 것은 노르웨이에 있는 어느 맹아학교에 갔을 때의 일입니다."

"무슨 일인데요?"

설리번은 눈을 크게 뜨면서 물었다.

"거기에선 헬렌처럼 보지도 못하고 듣지도 못하는 벙어리 아이들에게 말을 할 수 있도록 가르치고 있었지요."

"아니, 그게 정말입니까?"

"정말이고 말고요. 내 눈으로 직접 보았는 걸요. 그때 마침 롱필드 카터라는 눈이 먼 벙어리 소녀가 더듬더듬 말을 배우고 있었습니다."

"오…."

설리번은 매우 놀랐다. 헬렌 같은 아이가 말을 배우고 있다는 일은 처음 들었기 때문이다.

"그럼 우리 헬렌도 말을 배울 수 있겠군요?"

"물론 거기에서는 가능한 일이겠지요. 그렇지만 미국 안에서 그런 일을 하고 있는 곳은 아직 들어본 적이 없거든요."

"…."

어쨌든 설리번은 그런 소식만 듣고서도 헬렌에게 어떤 빛이 비쳐 오는 것 같았다. 설리번은 곧 램슨 부인에게서 들은 말을 헬렌에게 들려주었다.

"무척 반가운 이야기를 들었어요."

"무슨 얘긴데요?"

설리번이 램슨 부인의 말을 들려주자 헬렌은 놀란 표정을 지었다.

"정말이에요?"

"직접 보고 오신 분의 말이니까요."

"그럼 저도 말을 할 수 있겠군요?"

"그럼요."

"그렇지만 ⋯."

"그래요. 헬렌에게 말을 가르칠 수 있는 선생님을 만나는 일이 중요한데 그게 어렵다는 거죠."

어쨌든 그런 말을 듣는 것만으로도 헬렌은 벌써부터 입술이 움직여지는 것 같기만 했다. 사람들이 말로 대화한다는 것을 알고부터 헬렌은 얼마나 말을 하길 원했는지 모른다.

"엄마, 지지배배, 지지배배."

헬렌이 말을 해본 것은 태어나서 일 년쯤 지나 엄마를 부르면서 새들의 흉내를 내어본 그 말이 고작이었다. 그후 곧 소경과 귀머거리가 되어버렸기 때문에 더 이상 말은 한 마디도 배울 수 없었고 '엄마'라는 말까지도 잊어버리고 말았다.

그래도 어머니의 품에 안겨 있을 때면 손으로 어머니의 얼굴을 더듬어 입술이 움직이고 있는 것을 느꼈다. 그렇지만 전혀 알아들을 수가 없었기 때문에 직접 말을 한다는 생각은 하지 못했다.

헬렌은 점점 성장하면서 아버지와 어머니는 물론 이 사람 저 사람의 목을 안고 입술에다 손을 대고서 움직임대로 소리를 내보려고 했지만 번번이 실패했다. 게다가 램슨 부인이 찾아왔던 무렵 헬렌은 혼자서 자기 목과 입술을 움켜잡고 몸부림쳤다.

그러다가 뜻밖에 램슨 부인이 찾아왔고 비록 먼 나라의 일이었지만 어떤 가능성을 발견했다는 것이 헬렌에겐 큰 희망이 되었다. 당장 훌륭한 선생님을 만나기는 어려운 상황이었지만 자신과 같은 장애를 가진 사람이 말을 할 수 있게 되었다는 소식을 들은 것만으로도 헬렌은 어떤 빛이 엿보이는 것 같았다.

"선생님, 어서 말을 하고 싶어요."

헬렌은 두근거리는 가슴을 조이면서 설리번의 손에 썼다.

"하나님께서 헬렌도 곧 말을 할 수 있도록 해주실 거예요."

이 말에 용기를 얻은 듯 헬렌이 말했다.

"제가 말을 할 수 있게 되면 맨 먼저 설리번 선생님을 큰 소리로 부르고, 아버지와 어머니를 소리쳐 부를 거예요."

"그 다음엔?"

"그 다음엔 미들렛을 부르고 이어서 아줌마를 부르고 내 친구 마아트를 부를 거예요."

헬렌은 벌써 말을 하게 된 것처럼 마음이 부풀어 올랐다. 설리번은 오히려 안타까웠지만 그래도 그런 헬렌의 마음을 실망시키고 싶지 않았다.

헬렌은 말을 이었다.

"강아지도 부르고, 꽃들의 이름도 부르고, 먼 곳에 살고 있는 친구들의 이름도 불러야죠."

"그럼요. 무엇보다 말을 하게 되면 선생님과 이야기할 수 있어 좋잖아요."

설리번은 곧 미국 안에 있는 여러 농아학교*에다 헬렌에게 말을

144

가르칠 만한 선생님을 찾을 수 있을까 하는 기대를 가지고서 편지를 썼다. 얼마 후에 설리번 앞으로 한 통의 편지가 배달되었다. 설리번은 펴보기도 전에 가슴부터 뛰었다.

> 설리번 선생님, 보내주신 편지 잘 받았습니다. 아직 우리나라에서는 눈이 멀고 귀먹은 아이들에게 말을 가르치는 일은 시행되지 않고 있지만 제가 한번 시도해보고자 합니다. 이에 대해 상당히 오랫동안 연구해왔기 때문이죠. 헬렌을 보내주시면 열심히 가르쳐보겠습니다.
>
> 호러스맨 농아학교 교장 플러 드림.

이 답장을 받은 설리번은 곧 헬렌을 데리고 플러 교장을 찾아갔다. 주위 사람들은 헛고생만 할 것이라며 누누이 말렸지만 헬렌의 소원을 막을 수는 없었다.

"오, 설리번 선생님."

"감사합니다. 이 소녀가 바로 헬렌입니다."

플러 교장이 반갑게 맞자 설리번은 헬렌부터 소개했다.

"여러 신문들을 통해 헬렌이 어떤 아이인지는 벌써 알고 있었습니다."

"이런 헬렌에게 어떻게 말을 가르칠 수 있을까요?"

"물론 이곳 농아학교에서 완전한 시설을 갖추고서 아직 말을 가

★ 농아학교 聾啞學校 청각 장애인이나 언어 장애인에게 말을 가르치는 것을 중심으로 하는 특수 교육 기관

르치지는 못했지만 이제부터 본격적으로 이 일을 시작해보고자 합니다. 그래서 내가 헬렌을 보내달라고 청했어요. 모든 결과는 하나님께 맡기고 한번 시작해보겠습니다."

～

1890년 3월 26일, 이날 헬렌은 호러스맨 농아학교의 학생으로 정식 입학하여 플러 교장으로부터 처음으로 입술을 움직여 말하는 법을 배우기 시작했다. 헬렌에게는 참으로 잊을 수 없는 날이었다.

플러 교장의 교육 방법은 헬렌의 손을 자기 입에다 가볍게 대도록 한 다음 그 순간의 혀와 입술의 움직임을 헬렌이 느낄 수 있도록 하는 것이었다.

이런 방법으로 플러 교장은 먼저 'M(엠), P(피), A(에이), S(에스), T(티), I(아이)' 등의 글자를 발음하는 것부터 가르쳤다. 이상 여섯 글자의 발음은 비교적 배우기가 쉬운 것이었다. 헬렌은 그것을 계속 반복하더니 얼마 후에는 분명하게 발음하게 되었다. 그런 다음 플러 교장은 간단한 낱말들을 가르쳤다. 'papa(파파, 아빠), mama(마마, 엄마)' 등이 그것이었다.

역시 헬렌에게 말을 가르친다는 것은 쉬운 일이 아니었다. 아무리 귀머거리더라도 다른 아이들처럼 눈이라도 보인다면 선생님의 입놀림을 보면서 자기도 따라 말소리 내는 연습을 할 수 있겠지만 헬렌은 볼 수 없었기 때문이다. 그래도 플러 교장은 실망하지 않고 열심을 다해 헬렌에게 말을 가르쳤다.

플러 교장은 헬렌의 손으로 자기 입술의 움직이는 모양과 혀가 움직이는 모양을 수백 번 거듭해 만져보게 하면서 말소리를 내도록 연습을 시켰다. 또 어떤 낱말은 여러 날이 걸려서야 겨우 소리를 내기도 했다.

플러 교장의 열성도 놀라웠지만 헬렌의 노력도 대단한 것이었다. 얼마 후 헬렌은 더듬더듬 말소리를 내기 시작했다. 이제까지 헬렌이 소리 내는 것이라곤 화가 나거나 울 때 짐승처럼 내는 괴상한 소리뿐이었다. 그런데 비록 미흡하기는 했지만 더듬더듬 말소리를 내기 시작한 것이다.

물론 헬렌의 발음은 서툴기 짝이 없었다. '파파'를 '파푸'로 발음하기도 하고, '마마'를 '마무'라고 발음하기도 했다. 그래도 플러 교장은 성급하게 생각지 않고 몇 번이고 다시 발음하도록 가르쳤다. 몇 가지 낱말을 익힌 다음에 교장은 간단한 문장을 가르쳐주었다. 이것은 더욱 어려웠다. 그러던 어느 날의 일이었다.

"이것은 따뜻합니다."

여러 번이나 입술을 움직여 연습을 거듭하던 끝에 헬렌은 분명한 발음으로 소리를 내게 되었다.

"오, 하나님!"

이때 플러 교장과 설리번은 함께 헬렌을 얼싸안고 울음을 터뜨리고 말았다. 한마디로 기적이었다.

"난 이제 벙어리가 아니에요."

기쁨을 이기지 못한 헬렌은 몇 번이고 이 문장을 설리번에게 들려주었다. 그때의 일을 헬렌은 일기에다 이렇게 썼다.

내 입에서 말이 되어 나오던 순간의 그 기쁨을 나는 평생 잊지 못할 것이다. 정말 하늘로 날아오를 것만 같았다.

헬렌은 중요한 낱말들을 더 배운 후 그 낱말들을 이어 붙여 말하는 법을 익혔다. 비록 더듬거리기도 하고 정확한 발음은 아니었지만 그 성과는 매우 놀라운 것이었다. 헬렌이 그만큼 말을 할 수 있게 되기까지 설리번의 도움이 무척 컸다. 그녀의 그만한 노력이 없었던들 헬렌은 평생 말을 할 수 없게 되었을지도 모른다. 헬렌이 한 마디씩 천천히 발음하면 설리번은 곁에서 열심히 교정해주었다.

헬렌은 같은 말을 몇백 번씩 반복했다. 그런 일과는 헬렌을 자연히 지치게 했고, 어떤 때는 귀찮아서 모든 것을 포기하고픈 마음이 든 적이 한두 번이 아니었다. 그런 내색이 얼굴에 나타나면 설리번은 즉시 용기를 가지도록 격려해주었다.

"헬렌, 절대로 낙심해서는 안 돼요. 아버지, 어머니가 헬렌이 말을 하게 되기를 얼마나 기다리고 있는지 몰라요."

그러면 또다시 헬렌은 용기를 가지고 시작했다.

헬렌이 말을 배우기 시작한 지 몇 달쯤 지나서였다. 플러 교장이 시내의 어떤 유명한 사람에게 초청을 받게 되었다. 이때 플러 교장은 헬렌과 설리번도 함께 가자고 권했다.

이 파티에서 헬렌은 생전 처음으로 사람들 앞에서 몇 마디의 말을 하게 되었다. 플러 교장은 말을 시켜보려고 일부러 헬렌을 데리고 간 것이다.

"우리를 이 파티에 초대해주셔서 대단히 감사합니다."

이런 인사말이었다. 플러 교장과 설리번은 손에 땀을 쥐고서 헬렌의 입에서 나오는 말을 들었다. 비록 서툴기는 했지만 틀린 부분은 몇 군데 안 되었다. 플러 교장과 설리번은 감격하여 눈시울이 뜨거워졌고 헬렌 역시 기쁨을 표현할 길이 없었다.

헬렌은 이튿날 아침 시간에 플러 교장의 고마움을 생각하면서 다음과 같은 편지를 썼다.

플러 선생님께

저는 지금 얼마나 기쁜지 가슴이 두근거립니다. 마치 제가 새로 태어난 듯한 기분이 들기 때문입니다. 저는 지난밤에 조용히 혼자서 정원으로 나갔습니다. 그리고 달을 향해 '달님, 나 좀 보세요' 하고 말을 했습니다. 이때 달은 내 말을 듣고 얼마나 기뻐했는지 비록 말은 없었지만 나를 더욱 환하게 비춰주는 것 같았습니다.

제가 말을 하게 된 일을 고향에 계신 아버지와 어머니가 알게 된다면 또 얼마나 기뻐하실까요. 곧 부모님께 편지로 알려드리겠어요. 편지를 쓰기 전에 저는 당장 달려가 제가 하는 말을 아버지, 어머니에게 직접 들려드리고 싶답니다. 저는 이제 동생 미들렛에게도 재미있는 동화책을 읽어줄 수 있을 거예요. 선생님은 참으로 훌륭하고 사랑이 많으신 분입니다. 저는 정말 행복합니다.

헬렌 켈러 드림.

편지를 받은 플러 교장 또한 기뻐서 눈물을 흘렸다. 그후 계속되는 훈련을 마치고 헬렌과 설리번은 호러스맨 농아학교를 떠나기로 했다. 발음을 하는 기초적인 방법만 익히면 그후엔 설리번이 넉넉히 가르칠 수 있기 때문이었다.

"선생님, 안녕히 계세요."

"오, 헬렌."

헬렌이 작별 인사를 드리자 플러 교장은 얼싸 안으면서 눈물을 쏟았다.

하나님은 누구실까

헬렌은 그 길로
설리번과 함께 고향 터스컴비아로 돌아왔다. 몹시 기다렸던 날이었
다. 헬렌은 열차를 탈 때부터 내릴 때까지 설리번과 여러 가지 말을
나누었다. 이야기할 것이 많아서가 아니라 아버지와 어머니를 만나
기 전에 그동안 배웠던 말을 한 마디라도 더 외우기 위해서였다. 물
론 이때도 설리번은 발음을 교정해주기 바빴다.

벌써 터스컴비아 역에는 가족들이 모두 마중을 나와 있었다.

"어머니…."

헬렌은 열차에서 내리자마자 가장 먼저 어머니를 외쳐 불렀다.

"오, 내 딸 헬렌아!"

케이트는 기뻐서 달려와 헬렌을 덮치듯 끌어안으며 울음을 터뜨
렸다.

"아버지!"

이번에는 헬렌이 아버지를 불렀다.

"…"

아더 켈러 역시 가슴이 벅차올라 차마 입을 열지 못했다. 얼굴에는 감격과 기쁨이 넘치고 있었다. 동생 미들렛도 마치 강아지처럼 뛰면서 맴돌았고 버어니도 눈물을 감추지 못하면서 반갑게 맞아주었다. 마치 이사야서의 말씀과도 같은 장면이었다.

그때에 맹인의 눈이 밝을 것이며 못 듣는 사람의 귀가 열릴 것이며 그때에 저는 자는 사슴 같이 뛸 것이며 말 못하는 자의 혀는 노래하리니 이는 광야에서 물이 솟겠고 사막에서 시내가 흐를 것임이라 사 35:5,6

입이 열리고 나서부터 헬렌은 빠른 속도로 말을 배웠다. 1년쯤 지나서는 서툴게나마 자기의 마음을 문장으로 표현하기에 이르렀다. 물론 듣는 말은 여전히 지화법을 이용해야 했지만 그래도 그런 불편쯤은 괜찮았다.

또 하나 헬렌에게 있어서 놀라운 변화는 하나님에 대한 관심을 갖기 시작한 것이었다. 하기야 헬렌은 여덟 살 때에 설리번을 향해 이런 질문을 한 일이 있었다.

"선생님, 나는 어디서 왔나요? 또 죽은 다음엔 어디로 가죠?"

뜻밖의 질문에 설리번은 당황하지 않을 수 없었다.

"하나님을 잘 믿으면서 크면 저절로 알게 되는 날이 올 거예요."

그런데 헬렌이 말을 배우고 다시 터스컴비아로 돌아와 지내던 어느 날, 뜻밖에 설리번을 향해 말했다.

"선생님, 전 도무지 이해하기 어려운 것이 있어요."

"뭐가요?"

"하나님께서는 모든 사람을 흙으로 만들었다고 하잖아요. 그건 농담이겠죠?"

"왜죠?"

"이것 보세요. 제 몸은 이렇게 살과 피와 뼈로 만들어져 있거든요. 그런데 이게 어째서 흙이에요?"

헬렌은 그런 자기 말이 우습다는 듯 손뼉을 치면서 웃었다.

"…."

설리번은 이번에도 어떻게 대답해야 할지 잠시 망설였다. 헬렌이 말을 이었다.

"하지만 그보다 더 우스운 말이 있어요."

"그게 뭔데요?"

"하나님을 아버지라고 부르는 일이에요. 제 아버지는 아더 켈러거든요. 그럼 저에게는 아버지가 둘이나 되잖아요?"

설리번은 헬렌의 의문을 그냥 웃고 지나칠 수 없었다.

"물론 아버지라는 명칭은 같지만 내 몸을 낳아주신 아버지와 내 몸을 지어주신 아버지는 달라요. 그래서 내 몸을 지어주신 아버지를 우리는 하나님이라고 부르는 거랍니다."

이때 헬렌은 이해하기가 아직 어렵다는 듯 고개를 갸우뚱했다.

어느 날은 헬렌은 또 말했다.

"하나님은 봄이 되면 무척 바쁘실 것 같아요."

"어째서 그렇죠?"

"온갖 풀과 나무에 잎들을 피워야 하니까요. 어디 그뿐인가요? 햇빛도 주셔야 하고 비도 뿌려야 하고 온갖 짐승들에게 먹이도 주셔야 하는데 얼마나 바쁘시겠어요. 안 그래요?"

"정말 그렇군요."

그것은 헬렌의 생각이 굉장히 성숙해 있음을 나타내주는 의미 있는 말이었다.

'헬렌의 생각이 벌써 저만큼 자랐구나.'

설리번은 헬렌이 대견스러웠다. 헬렌은 또 말했다.

"하나님은 그 많은 자식들을 기르고 돌봐주셔야 하니까 속상한 일이 많겠어요. 햇빛이 하나님의 미소라면 비는 하나님의 눈물인 것 같아요."

'오…'

하나님에 대한 헬렌의 상상은 참으로 놀라웠다. 헬렌은 어떤 의문이 떠오를 때마다 그것을 반드시 자신의 노트에다 적어두곤 했다. 언젠가 설리번은 헬렌의 노트를 우연히 보게 되었다.

땅과 바다, 그리고 세상의 만물을 만드신 분은 정말 누구일까? 내가 세상에 태어나기 이전에는 어디에 있었을까? 풀과 나무는 분명히 땅에서 나지만 사람은 땅에서 나지 않는다. 그렇다면 세상에 살고 있는 많은 사람들은 어디서 난 것일까? 나는 아기를 낳는 나무는 본 적이 없다. 그런데 새 새끼나 병아리는 알에서 나온다. 나는 그것을 만져본 일이 있다. 그렇다면 맨 처음에 그 알은 어디서 나왔을까? 성경에는 이해하기 어려운 말이 많이 나온다. 정말 나는 그것을 다 믿어도 되는 것일까?

이런 의문들이 점점 깊어지면서 헬렌은 하나님을 깊이 생각하게 되었다. 어느 날 헬렌은 설리번을 향해 이런 질문을 했다.

"어머니께서는 저를 천국에서 데려왔다고 했어요. 그런데 저는 지금 그 천국이 어디에 있는지 모르고 있거든요. 천국은 정말 있나요? 있다면 어디에 있나요?"

설리번은 조금은 당황했으나 조심스럽게 대답하지 않을 수 없었다.

"아직까지 누가 천국을 보고 와서 얘기해준 사람은 없답니다. 물론 천국이 하늘 저편 어느 별나라 사이에 있는 것은 아니에요. 그렇지만 한 가지 분명하게 알 수 있는 것은 천국은 하나님이 계신 곳이라는 거예요."

"그걸 어떻게 알아요?"

"성경에 기록되어 있기 때문에 그렇게 믿어 알게 된답니다."

헬렌은 또 물었다.

"하나님이 세상 모든 것을 만드셨다면 그럼 하나님은 누가 만들었나요?"

"정말 어려운 질문이군요."

설리번은 이번에도 조심스럽게 대답했다.

"하나님은 누구에게 지음을 받은 일이 없답니다. 그래서 하나님

을 영원한 분이라고 하는 거예요. 가령 인형은 모두 사람이 만들었지만 인형이 사람을 만들어낼 수 없는 것처럼 누구도 하나님을 만들 수는 없지요.”

“그럼 하나님이 세상에 있는 모든 것을 만드셨다는 것을 어떻게 알았나요?”

“그것 역시 성경이 가르쳐주고 있지요. 그렇지만 잘 생각해보면 사람의 생각으로도 어느 정도 그런 일을 알 수 있어요.”

“어떻게요?”

“가령 해를 타오르게 만들고 있는 힘이나, 천둥소리를 내는 힘, 땅 위에 비를 내리게 하는 힘, 바다의 물들을 이리저리 움직이는 힘 등 사람으로서는 도저히 할 수 없는 일들을 하나님께서 하고 계시니 믿지 않을 수 없게 되지요.”

헬렌은 이해가 된다는 듯 고개를 끄덕였다. 그러더니 또 물었다.

“선생님은 하나님을 본 적이 있나요?”

“하나님은 사람처럼 눈으로 볼 수 있거나 손으로 만져볼 수 있는 그런 분이 아니랍니다.”

“어째서요?”

“하나님은 영靈으로만 계시기 때문이지요. 영은 볼 수도 없고 만질 수도 없거든요. 그리고 하나님은 영이시기 때문에 어디에나 계실 수 있지요. 그래서 이 세상 어느 한 곳도 하나님이 계시지 않은 데가 없답니다. 하나님은 만물의 생명이자 마음이요, 영혼이라고 할 수 있지요.”

헬렌은 설리번의 말을 가로막으며 말했다.

"그렇지만 모든 것이 다 생명을 가진 것은 아니잖아요. 바위에는 분명히 생명이 없거든요. 그래서 자기 스스로 생각하는 일도 없고요."

"맞아요."

"그런데 그처럼 손으로 만져볼 수 있는 바위에는 생명이 없는데 손으로 만져볼 수 없는 하나님에게는 생명이 있다니 참으로 이상하잖아요?"

"…."

헬렌의 질문이 너무 어려워지자 설리번은 쉽게 대답할 수가 없었다. 그러다가 한참 후에야 구차한 대답을 했다.

"그래요. 물론 바위 같은 것은 생명이 없기 때문에 생각하는 일은 할 수 없어요. 하지만 헬렌이 그처럼 깊이 파고드니까 어떻게 대답을 해야 할지 모르겠군요."

그러자 헬렌은 이상하다는 듯이 고개를 갸웃거리더니 다시 이렇게 물었다.

"선생님도 모르는 것이 있나요?"

설리번은 얼굴을 붉히면서 대답했다.

"그럼요. 아무리 뛰어난 학자라도 사람이기 때문에 모르는 것이 많답니다. 헬렌은 바로 그런 것을 선생님한테 질문한 거예요."

설리번은 몹시 부끄러운 마음이 들었다. 그때의 일에 대해 설리번은 그날의 일기에다 이렇게 기록했다.

헬렌의 질문은 갈수록 어려워지고 있다. 그래서 진땀이 나지 않을 수 없었다. 물론 나의 지식이 충분하지 못하여 대답하기가 어려웠지만 헬렌이 하나님을 잘못 알게 될까 두려워서 함부로 대답할 수 없는 부분도 있다. 어쨌든 신앙문제에 대해서는 앞으로도 조심스럽게 답변해야겠다고 생각한다.

설리번은 헬렌의 정신이 자연스럽게 자라 적당한 시기가 오면 훌륭하고 신앙심이 깊은 지도자에게 인도하여 헬렌의 신앙심을 꽃피워주고 열매를 맺도록 도와주어야겠다고 생각했다.

그후 설리번은 헬렌을 데리고 당시 덕망이 높다고 알려진 부르쿠스 목사님께 찾아가 헬렌의 신앙을 지도해달라고 부탁했다. 부르쿠스 목사님은 하나님에 관한 내용들을 아주 재미있게 들려주었다. 어떤 때는 헬렌이 목사님도 대답하기 어려운 질문들을 했지만 목사님은 그때마다 적당한 비유를 들어가면서 지혜롭게 대답해주었다. 훗날 헬렌은 그때의 일을 이렇게 회고했다.

나는 그때 목사님의 무릎 위에 앉아 한 손으로는 목사님의 손을 잡고 한 손은 설리번 선생님께 목사님의 말씀을 써달라고 내밀고 있었다. 나는 목사님의 말씀을 전부 이해하지는 못했지만 그러나 나의 어린 마음에도 그 말씀 안에 거룩하고 아름다운 교훈이 듬뿍 담겨 있는 것을 충분히 알 수 있었다. 특히 다음 말씀은 내 마음을 밝게 열어주었다.

'이 세상에는 여러 가지 종교가 있지만 오직 참된 것은 사랑의 종교 하나가 있을 뿐이에요. 진정으로 하나님을 사랑하고 그런 마음

으로 이웃 사람들을 사랑하면 그것으로 신앙생활의 목표는 다 이루어지는 것이랍니다.'

목사님의 이 한마디가 나의 신앙생활을 결정지었다. 그 말씀이야말로 나에게는 천국의 열쇠가 되었던 것이다.

헬렌은 목사님 댁에서 며칠 동안 머문 후에 집으로 돌아와서 부르쿠스 목사님에게 다음과 같은 편지를 보냈다.

존경하는 목사님께

제가 목사님을 떠나온 지 벌써 3주 가까이 되었습니다. 저는 지금 부모님과 함께 행복하게 살고 있습니다. 다른 사람이 행복하도록 만들어주는 것은 참으로 훌륭한 일이라고 생각합니다. 그래도 저는 가끔씩 슬픈 일을 보는 때가 있답니다. 사람들이 나쁜 짓을 하거나 짐승들을 학대하는 것을 보면 여간 슬픈 게 아니에요.

저는 그동안 《소공자》라는 책을 읽었습니다. 어린 재키는 슬픈 인생을 보냈습니다. 그런데도 하나님께서는 그에게 빛을 주시지 않았어요. 심지어 자기 아버지까지도 눈먼 아들을 어루만져주지 않았답니다. 어떻게 해야 세상에서 그런 일들이 일어나지 않게 될까요? 다음 기회에 꼭 들려주세요.

당신의 어린 친구 헬렌 켈러 드림.

목사님은 그때 마침 여행 중이었는데 런던에서 그 편지를 받은 후 다음과 같은 사랑이 넘치는 답장을 보내주었다.

사랑하는 헬렌에게

헬렌의 편지를 받아보고 정말 기뻤습니다. 나는 하나님의 사랑처럼 강한 힘은 없다고 믿어요. 꽃 속에 들어 있는 향기도 하나님의 사랑에서 생겨난 것이지요. 세상에 있는 슬픔도 사람을 착하게 만들어주는 약이 되기도 하지요. 그래서 나는 세상에 있는 모든 것이 나중에는 다 아름답게 변할 것이라고 믿는답니다. 어서 헬렌을 보고 싶습니다.

헬렌의 친구인 부르쿠스.

아름다운 친구들

헬렌에게는

멀고 가까운 곳으로부터 많은 친구들이 생겨나게 되었다. 그리고 그런 친구들 가운데는 가령 부르쿠스 목사나 존 피처 시인이나 호움즈 박사와 같은 유명한 사람들도 있었지만 가난하고 불쌍한 사람들도 많았다.

　헬렌의 이름이 널리 알려지게 되자 외국의 여러 나라에서도 수많은 친구들이 생겨나게 되었다. 헬렌이 호움즈 박사를 알게 된 것은 그의 시를 읽으면서부터였다. 헬렌은 시를 읽은 후 크게 감동되어 편지를 보냈다. 그러자 호움즈 박사는 즉시 헬렌을 자기의 집으로 설리번과 함께 초대했다.

　"오, 내 귀여운 꼬마 친구 헬렌 켈러! 이렇게 찾아와주셔서 감사합니다."

헬렌이 도착하자 호움즈 박사는 벌떡 일어나 머리를 쓰다듬어주면서 몹시 반가워했다. 박사의 거처에는 인쇄물에서 나는 잉크 냄새가 가득한 것으로 보아 책들이 무척 많다는 것을 금방 알 수 있었다.

"박사님은 날마다 어떤 생각들을 하시나요?"

다소곳이 의자에 앉으면서 헬렌이 묻자 호움즈 박사는 환하게 웃으면서 대답했다.

"나는 주로 찰스 강물의 속삭임을 듣고 있답니다. 그 강물은 나에게 많은 추억들을 들려줄 뿐만 아니라 현재의 이야기도 언제나 조용히 들려주고 있기 때문이지요."

"그렇다면 박사님께서 쓰신 시들도 대개 그 강물이 들려준 것들이 많겠군요?"

"오라! 이제 보니 헬렌이야말로 훌륭한 시인인 걸요. 정말 그래요. 내가 쓴 시들은 거의가 저 강물 소리가 들려준 것이었지요."

헬렌은 계속하여 진지하게 물었다.

"박사님은 어떤 시인에게서 시를 배우셨나요?"

"테니스라는 분이었어요. 나는 그 분의 시를 읽다가 운 일도 많았으니까요."

호움즈 박사는 그렇게 대답하고 추억을 더듬듯 테니스가 쓴 시의 한 구절을 읊조렸다.

"오, 바다여! 부서져라, 부서져라, 부서져라. 차디찬 잿빛 갯바위에."

헬렌은 또 물었다.

"시를 쓸 때 마음의 자세는 어때야 하나요?"

"거울처럼 맑아야죠. 왜냐면 시란 맑은 마음에서 조용히 울려나오는 선율 같은 것이니까요. 호수가 맑을 때면 온갖 것을 그림처럼 비춰주지만 그 호수가 바람에 흔들리면 아무것도 비추지 못해요. 마음에서 시가 나오는 일도 같은 거랍니다."

"그럼 저도 마음을 맑게 가지면 얼마든지 시를 쓸 수 있겠군요?"

"쓸 수 있고 말고요. 헬렌도 훌륭한 시를 쓸 수 있어요."

이런 말을 듣자 헬렌은 어서 시를 쓰고 싶은 충동이 일었다. 그후로도 여러 차례나 호움즈 박사를 찾아가서 시에 대한 이야기를 들었다.

그해 어느 여름날 헬렌은 호움즈 박사에게 편지를 썼다.

존경하는 호움즈 박사님께

저는 박사님이 무척 행복한 사람이라고 생각합니다. 길가의 풀 한 포기에서도, 하늘에 떠가는 구름 한 조각에서도, 언덕에 서 있는 나무 한 그루에서도 그것들의 기쁜 이야기와 슬픈 이야기들을 모두 들을 수 있으니 말입니다. 저는 박사님의 시들을 통해 비로소 볼 수 없는 것들을 보게 되고 들을 수 없는 것들을 듣게 되었어요. 그러니 제가 박사님의 시들을 읽게 된 것이 얼마나 큰 행복인지 모르겠어요. 늘 좋은 시들을 들려주세요.

박사님의 친구 헬렌 켈러 드림.

호움즈 박사는 그 편지를 받아보고 곧 답장을 했다. 이 글은 헬렌의 마음을 참으로 감격하게 했다.

그리운 헬렌에게

헬렌이 그처럼 나를 좋게 생각해주어서 정말 고마워요. 헬렌의 편지는 그 누구의 것보다도 나를 즐겁게 만들어주었습니다. 나는 헬렌을 처음 보고 참으로 놀랐습니다. 보지도 못하고 듣지도 못하면서 그처럼 말을 배웠다는 것이 신기했으니까요. 나는 정말 세상이란 보고 듣지 못해도 얼마든지 행복하게 살아갈 수 있는 것이구나 하고 깨달았답니다.

한편 사람은 여러 가지 면을 차라리 보고 듣지 않는 편이 더 낫겠다는 생각까지 들었어요. 왜냐면 이 세상 사람들 모두가 헬렌처럼 보지 못하고 듣지도 못한 채 살았다면 지금처럼 사람들이 서로 무기를 만들어 전쟁을 하는 끔찍한 일들은 일어나지 않았을 테니까 말이에요. 설사 대포가 있고 총이 많이 있더라도 모두가 소경이고 귀머거리라면 어느 누가 그것을 들고 사람을 죽이겠어요. 헬렌은 지금까지 보고 듣지 못했기 때문에 몹시 불편했지만 그러나 눈과 귀를 통해 들어오는 수많은 고통을 덜었다는 것을 생각하면 오히려 감사하게 될 일이 아니겠습니까.

헬렌이 마음으로 듣고 보는 세계는 우리가 귀로 듣고 눈으로 보는 세계보다도 훨씬 더 아름답고 찬란하다는 사실을 아셔야 합니다. 나는 시인으로서 유명하게 되었지만 알고 보면 헬렌이 보고 있는 세계를 조금 엿보고 헬렌이 듣고 있는 세계를 조금 엿듣는 것에 지나지 않아요. 그래서 나는 이 세상에서 헬렌처럼 행복한 사람은 없다고 생각합니다. 사랑하는 헬렌, 그럼 안녕.

헬렌의 친구 올리어 호움즈.

설리번은 세상 사람들이 헬렌의 이야기를 그저 호기심에서 떠들 까봐 될수록 세상에 알려지지 않도록 조심해왔다. 그런데 퍼킨스 맹아학교의 아나그너스 교장이 많은 맹아들의 교육에 훌륭한 참고가 되겠다고 생각해서 한 맹아교육 연구지에다 지금까지 설리번의 교육을 받아온 헬렌의 이야기를 자세히 발표했다.

그러자 미국 안에서는 또 한번 헬렌의 이야기로 떠들썩하게 되었다. 예전처럼 각 신문들이 헬렌의 이야기를 취재하여 널리 알리기에 바빴다. 헬렌의 이야기가 더욱 화제가 된 것은 소경이요, 귀머거리이며 벙어리인 헬렌이 이번엔 말까지 배웠다는 데 있었다. 이런 일은 미국 안에서 없었던 일이었기 때문에 사람들을 흥분시키기에 충분했고, 메인 주에 사는 한 선장은 자기 배에 '헬렌 켈러호'라는 이름까지 붙일 정도였다.

그런데 마침 그 무렵 헬렌이 가장 사랑하는 개 라이오네스가 한 경찰의 총기에 맞아 죽은 사건이 일어났다. 이 개는 전에 웨이드 아저씨가 헬렌을 위해 강아지 때 선물로 주었던 것이었다. 죽은 라이오네스를 끌어안고 우는 헬렌을 보고 가족들은 경찰을 원망했으나 헬렌은 이렇게 말했다.

"경찰 아저씨를 너무 탓하지 마세요. 경찰 아저씨도 만약 우리 라이오네스가 정말 순한 개라는 것을 알았다면 절대로 죽이지 않았을 거예요."

1890년 여름을 터스컴비아 집에서 지낸 다음 헬렌은 설리번과 함께 다시 퍼킨스 맹아학교로 돌아갔다.

이듬해의 일이었다. 어느 날 헬렌은 토미 스트링거라는 네 살짜리 눈먼 벙어리 아이의 이야기를 듣고 마치 자기 일처럼 마음 아파했다.

"토미라는 불쌍한 아이가 있대요."

설리번이 꺼내는 말이었다.

"그 아이가 누군데요?"

"어머니는 벌써 죽고 아버지는 너무 가난해 돌볼 수 없기 때문에 얼마 동안은 병원에 그냥 버려두었던 아이래요."

"그런데요?"

"병원에서도 더 이상 맡아둘 수가 없어 어떤 구제기관에다 보내버렸답니다."

헬렌은 그 말을 듣고 몹시 안타까워했다. 그러다가 불쑥 이렇게 말했다.

"선생님, 그 아이를 제가 보살펴주고 싶어요. 우리 학교에서 교육도 받게 하고요. 너무 불쌍하잖아요."

그러자 설리번은 그건 어려운 일이라고 일러주었다.

"그런 불쌍한 아이를 돕겠다는 생각은 아주 훌륭해요. 하지만 돈 없이는 절대로 할 수 없는 일이랍니다."

그러나 헬렌은 막무가내였다. 타고난 고집을 이번엔 좋은 일을 위해 부리게 되었던 것이다.

"우리가 돈을 마련하면 되잖아요. 그런 말을 듣고 그냥 있을 수만은 없어요."

헬렌은 곧 아버지와 어머니에게는 물론, 알고 있는 여러 사람들에게 편지를 보냈다.

> 헬렌 같은 아이가 또 하나 생겨났습니다. 토미라는 불쌍한 아이입니다. 이 아이는 부모에게서만 아니라 다른 사람들에게서도 버림을 받았답니다. 우리가 아니면 이 아이를 누가 돌봐주겠어요. 이 헬렌을 돌봐주는 마음으로 모두 함께 도와주세요.

이 편지를 받은 사람들은 헬렌의 갸륵한 마음에 감동되어 사방에서 돈을 부쳐주었다. 그리하여 헬렌의 소원대로 토미는 퍼킨스 맹아학교 병설 유치원으로 와서 공부하게 되었다.

헬렌이 그때 편지를 보냈던 사람들 가운데는 호움즈 박사도 있었다. 박사에게 보냈던 편지는 문장이 참으로 아름다웠다.

> 존경하는 호움즈 박사님께
> 박사님께서 지으신 '봄날'에 대한 아름다운 시는 제 마음에서 지금도 봄날의 노래처럼 흐르고 있습니다. 그 시의 한 구절 한 구절이 제 영혼을 울립니다.
> 저는 봄이 찾아와도 아름다운 꽃들을 볼 수 없고, 고향으로 찾아든 새들의 즐거운 노랫소리도 들을 수 없습니다. 그런데 박사님은 봄날의 시를 통해 제게 어떤 꽃들보다 더 아름다운 것들을 보게 해주

셨고, 어떤 새들의 노래보다 더 즐거운 소리들을 듣도록 해주셨습니다. 만약 박사님께서 이 사실을 아신다면 더없이 기뻐하고 기뻐하실 것입니다.

저는 박사님의 눈을 통해 다른 사람들이 볼 수 없는 것을 보고 박사님의 귀를 통해 다른 사람들이 들을 수 없는 것을 들었습니다. 정말 박사님께서 제 곁에 없었다면 저는 어떤 눈과 귀를 가졌더라도 아무것도 보지 못하고 아무것도 듣지 못했을 것입니다.

그런데 저와 똑같은, 박사님의 눈과 귀를 통해 보고 듣기를 원하는 아이가 또 있습니다. 토미 스트링거라는 아이입니다. 토미는 저와 같은 소경인데다 귀머거리요, 벙어리입니다. 그런데 이 아이는 부모와 사람들에게서까지 버림을 받았어요. 만약 이 아이를 그대로 버려둔다면 교육은커녕 살아남을 수조차 없을 겁니다.

만약 박사님께서 이곳에 오신다면 보스턴 사람들을 향해 토미의 일생을 밝게 만드는 일에 도움을 아끼지 말아달라고 저처럼 간절히 부탁하게 될 것입니다.

박사님의 사랑 깊은 헬렌 켈러 올림.

헬렌의 편지를 받고 영국에서 어떤 사람이 돈을 보냈다. 그러자 헬렌은 그 사람에게 다음과 같은 답장을 썼다.

먼 나라에 사는 나의 아저씨께

미국에 살고 있는 이 어린 친구는 이 편지로 아저씨가 불쌍한 토미의 교육을 위해 돈을 보내주신 일에 대하여 얼마나 감사하고 기쁜

지 알려드립니다.

바다 건너 영국에 살고 계신 아저씨가 이곳 미국에 살고 있는 의지할 곳 없는 불구자 아이를 동정해주신 것은 참으로 아름답고 귀중한 일이지요. 토미는 분명히 좋은 교육을 받아 훌륭한 사람으로 자랄 수 있을 것입니다. 얼마 후에 아저씨는 토미가 우리와 함께 거침없이 즐거운 이야기를 나누면서 재미있게 살고 있다는 소식도 듣게 될 것입니다. 언제나 저 헬렌을 아저씨의 사랑하는 친구로 기억해주시기 부탁드립니다.

아저씨의 친구 헬렌 켈러 드림.

이렇게 하여 토미는 도움의 손길들에 의해 안타까운 처지를 면하게 되었다. 그러나 오래지 않아 처음에 들어온 돈이 거의 없어지게 되었다. 그러자 헬렌은 이번엔 신문에다 토미를 동정해달라고 호소문을 발표했다. 헬렌이 신문사로 보낸 편지는 다음과 같았다.

헤럴드 신문사 편집장님께

저와 같은 불쌍한 처지에 있는 토미를 위해 이처럼 편지를 드립니다. 함께 드리는 이 호소문을 신문에다 발표해주실 수는 없겠는지요. 이 일을 통해 토미에게 기부금이 모이게 되면 신문사도 몹시 기뻐하리라 믿습니다.

토미는 지금 유치원에서 행복하게 지내고 있습니다. 그런데 이 아이를 돌봐야 할 돈이 없는 형편입니다. 토미는 글자를 배우는 일보다도 자물쇠를 부수거나 스팀의 마개를 빼내는 일 등을 더 좋아하

고 있답니다. 이런 아이를 가르쳐 그에게 밝은 빛을 만들어준다면
얼마나 보람된 일일까요. 꼭 그렇게 될 수 있도록 도와주시면 정말
감사하겠습니다.

불쌍한 사람들의 친구 헬렌 켈러 드림.

1891년 5월 31일 자 헤럴드 신문에 헬렌이 보낸 호소문이 발표되
었다. 그러자 또 사방에서 많은 돈과 편지가 왔다. 헬렌은 들어온 돈
을 모두 노트에다 기록하고 돈을 보낸 사람들에게 일일이 감사하다
는 답장을 보냈다.

이때 모아진 돈은 전부 1600달러였는데 당시로서는 엄청난 금액
이었다. 헬렌은 열한 살에 지나지 않았지만 그처럼 어른도 할 수 없
는 큰일을 해냈던 것이다.

표절 시비에 휘말리다

헬렌은 방학을 맞아
다시 터스컴비아로 돌아와서 성탄절과 새해를 맞았다. 헬렌의 생활
은 마치 밝은 태양이 떠오르는 아침 같기만 했다. 무엇보다도 헬렌
의 큰 행복은 가족들과 더불어 입으로 말할 수 있게 된 일이었다. 그
리고 입으로 말을 하면서부터 글 솜씨도 놀랍게 늘어 재미있는 동화
도 쓸 수 있게 되었다.

이런 밝은 날들 가운데 뜻밖에도 헬렌에게 푸른 하늘에 먹구름이
끼듯 난처한 일이 생기게 되었다. 1892년 가을, 설리번과 함께 터스
컴비아에서 가까운 한 산장에서 지낼 때의 일이었다.

"가을이면 단풍처럼 아름다운 것이 없답니다."

헬렌과 함께 산책을 나선 설리번은 곱게 물든 단풍을 바라보며 그
렇게 일러주었다.

"왜 그렇죠?"

"여름내 초록빛이던 온갖 나뭇잎들이 온통 빨간빛, 자줏빛, 황금빛으로 물들거든요."

"가을이면 서리의 요정들이 하늘에서 빛나는 보석들을 가져다가 아침이면 이 세상을 하얗게 뒤덮게 한다면서요?"

"그런 얘기가 있지요."

"단풍이 그렇게 황금빛으로 물들어진다면 그것도 역시 하늘의 요정들이 보석을 가져다가 그것으로 나뭇잎들에다 아름답게 물들인 걸 거예요."

"어쩜 헬렌의 생각은 그처럼 아름답죠? 그것을 글로 한번 써보면 어때요? 틀림없이 훌륭한 동화가 될 거예요."

선생님은 감동하면서 그렇게 말했다. 집으로 돌아온 헬렌은 곧 머리에 떠오르는 생각들을 모아 글을 쓰기 시작했다. 내용은 역시 하늘의 요정들이 아름다운 보석들을 가져다가 단풍이 되도록 나뭇잎들을 곱게 물들인다는 것이었다.

다 쓰고 나서 헬렌은 그것을 설리번에게 보였다.

"정말 훌륭해요. 이 정도라면 누구에게도 내보일 수 있겠어요."

설리번은 그 글을 읽은 후 무척 기뻐하면서 칭찬해주었다. 그날 저녁식사가 끝난 후 헬렌의 집에서는 동화 낭송대회가 열렸다. 헬렌은 또박또박 자기가 쓴 동화를 읽어갔다. 낭송이 끝나자 아버지와 어머니 등 온 가족은 눈시울을 적시면서 박수를 쳤다.

"아무래도 우리 헬렌이 쓴 동화라고 여겨지지 않을 정도인걸."

"그러게 말이에요."

아더와 케이트가 그처럼 번갈아가면서 칭찬하자 설리번도 거들었다.

"많이 놀라셨죠? 정말 훌륭해요. 제가 산장에서 헬렌에게 단풍이 아름답다는 얘기를 했더니 이처럼 아름다운 생각을 해냈어요. 제가 헬렌에게 이런 이야기를 해준 일이 없고 어떤 책에서 읽어본 일조차 없는데 말이에요."

가족들이 침이 마르도록 칭찬하자 이때 헬렌이 불쑥 말했다.

"이 동화를 아나그너스 교장 선생님께 선물로 드리면 어때요?"

"그것 참 좋겠구나."

아더 켈러가 찬성하자 다른 가족들도 모두 좋아했다. 헬렌은 아직 제목을 정하지 않은 채 설리번에게 물었다.

"제목을 '단풍'이라고 하면 어떨까요?"

"그것은 너무 단순한 말이니까 동화같은 제목을 찾아봐요. 옳지. '서리의 임금님'이라고 하면 좋겠군요."

그리하여 헬렌이 쓴 동화의 제목은 '서리의 임금님'이 되었다. 헬렌으로부터 동화를 선물 받은 아나그너스 교장은 몹시 기뻐하면서 그 동화를 곧 퍼킨스 맹아학교 교우회가 만들고 있는 회지에 발표했다.

헬렌은 자기의 동화가 실린 회지를 받아들고 얼마나 기뻤는지 눈물을 흘릴 정도였다. 게다가 여러 곳에서 헬렌을 격려해주는 편지가 날아들어 기쁨과 함께 글짓기에 대한 자신감도 갖게 되었다.

바로 이때였다. 기쁨으로 들떠 있던 헬렌에게 난데없이 비난의 소리가 들리기 시작했다.

'헬렌이 쓴 동화는 여류작가인 마가레트 캔비가 쓴 동화를 그대로 베낀 것이다.'

너무나 뜻밖이었다. 여류작가인 캔비 여사가 전에 《서리의 요정The Frost Fairies》이라는 동화를 써서 발표한 적이 있었는데 헬렌이 그것을 읽고 글자만 몇 군데 고쳐 《서리의 임금님The Frost King》이라는 제목으로 발표했다는 것이다.

"그럴 수가."

누구보다도 놀란 사람은 설리번이었다.

'절대로 그럴 수 없어. 나는 지금까지 캔비 여사의 작품 가운데 그런 동화가 있었다는 사실조차 몰랐고, 또 그런 비슷한 얘기를 헬렌에게 들려준 일도 없지 않은가. 게다가 헬렌이 보통 아이들처럼 어떤 책이나 눈으로 자유롭게 읽을 수 있다면 혹 그런 의심을 받게 될지 모르지만 헬렌은 점자책이 아니면 어떤 책도 읽을 수 없지 않는가.'

헬렌이 남의 작품을 베껴 발표했다는 것은 어처구니가 없었다. 그러나 일은 쉽게 해결되지 않았다. 마침내 퍼킨스 맹아학교의 교사들이 헬렌을 불러들여 따져 물었다.

"헬렌, 교무 선생님이 부르세요."

전갈을 듣고 헬렌은 설리번과 함께 직원실로 갔다.

"설리번은 부르지 않았어요. 헬렌만 들어가요."

막 문을 열고 들어서려고 하자 교사 한 사람이 그렇게 말하면서 설리번을 가로막고 헬렌의 등을 떠밀다시피 밀어 넣었다. 교무 선생은 잠시 헬렌을 바라보다가 물었다.

"헬렌의 글이 남의 것을 베낀 것이라고 하는데 어떻게 된 일입니까?"

"전 그런 일이 없어요. 전 정말 베끼지 않았어요. 감히 생각지도 못할 일이에요."

"그렇지만 우리 선생님들까지도 헬렌이 그런 짓을 저질렀다고 생각하는 사람이 많아요. 두 작품이 너무나 비슷하기 때문이죠."

"아무리 우겨도 전 나쁜 짓을 했다고 할 수 없어요. 그런 일을 한 적이 없으니까요."

"선생님에게까지 거짓말을 하면 얼마나 나쁜 사람이 되는 줄 알지요?"

"알아요. 하지만 저는 지금 거짓말을 하고 있지 않아요. 그 동화는 분명 제가 썼고 제목만 설리번 선생님이 붙여준 것이에요."

"끝까지 둘러대는군요."

"둘러대는 게 아니에요. 전 캔비라는 사람을 알지도 못해요."

"자, 이제 그만 나가요. 좀 더 조사해보면 저절로 밝혀질 테니."

이때 곁에 서 있던 몇몇 교사들이 헬렌을 밖으로 내몰 듯 밀어내었다. 그러자 더 이상 견딜 수 없었던 헬렌은 나오다 말고 그 자리에서 그만 실신하여 쓰러져버리고 말았다.

"앗!"

밖에서 대기하고 있던 설리번은 이를 보고서 재빨리 헬렌을 일으

켰다. 헬렌은 그날 밤을 꼬박 울음으로 지새웠다. 그렇지만 설리번
도 어떻게 달랠 길이 없었다.

헬렌은 훗날에 자서전 《나의 생애》에 그때의 일을 이렇게 기록
했다.

나는 그때 너무나 절망했다. 그처럼 큰 충격을 받은 적이 없었다.
하지만 그때까지 정말 나는 캔비 여사가 썼다는 동화를 읽은 적도
들은 적도 없었다. 그런데도 세상 사람들은 다들 나를 나쁘다고만
했다. 그때의 괴로움이란 어떻게 표현할 수가 없었다. 분명 '서리
의 임금님'은 내가 생각하여 썼던 것이다.

밤을 지새워 울고만 있는 헬렌의 곁에서 함께 꼬박 밤을 새운 설
리번은 다음과 같이 결심했다.

'안 되겠다. 무엇이 사실인지 내가 나서서 조사를 해봐야겠어.'

설리번은 곧바로 벨 박사를 찾아가 도움을 청했다. 그리고 지금까
지 헬렌을 만난 사람들을 찾아다니며 물었다. 그러다가 전에 사감이
었던 호프킨스 부인으로부터 헬렌이 자기 집에 와서 며칠 지내는 동
안에 헬렌에게 여러 책을 읽어주었다는 사실을 알게 되었다. 그러나
그때 캔비 여사의 작품을 읽어주었는지는 알 수 없다는 것이었다.

이 말이 전해지자 사람들은 그때 헬렌이 들었던 이야기가 잠재의
식 속에 깊이 잠겨 있다가 자기도 모르게 떠올랐을지도 모른다고
말했지만 그것마저도 확실하게 알 길이 없었다.

설리번은 이번엔 캔비 여사가 썼다는 작품을 직접 찾아보려고 나

섰다. 책방마다 다 뒤졌지만 문제가 된 작품이 들어 있다는 《참새와 그 동무들》이라는 책을 찾아낼 수 없었다. 그 책을 낸 것은 벌써 2~30년 전의 일이었기 때문이다.

한편 학교 측에서도 철저하게 조사를 했다. 그러나 뚜렷한 단서를 찾아내지 못했다. 그래서 사람들은 모두가 아리송할 수밖에 없었던 것이다.

마침내 교사들은 이 문제를 투표로 결정해 사태를 수습하자는 쪽으로 의견을 모았다. 이 문제는 결정적으로 헬렌 한 사람의 앞날을 좌우하는 일이기도 했기 때문이다. 그런데 투표 결과는 유죄와 무죄가 각각 4표씩 반반으로 나왔다. 설리번이 무죄 투표를 한 것은 너무나 당연한 일이었다.

바로 이때였다. 아나그너스 교장이 자리에서 벌떡 일어나더니 오른손을 번쩍 치켜들고 말했다.

"나는 지금까지 일을 쭉 지켜보면서 헬렌이 남의 것을 베꼈다는 것을 인정할 수 없다는 쪽으로 생각이 기울었습니다. 나도 선생님 중 한 사람이니까 투표할 권리가 있습니다. 나는 헬렌의 무죄 편에 손을 들어 투표합니다."

사태가 이렇게 되자 다른 교사들은 너나 할 것 없이 일제히 일어나 박수를 쳤다. 이렇게 하여 헬렌의 동화 사건은 간신히 수습되었다.

그동안 여러 방면의 사람들이 많은 의견을 내놓았으나 대부분의 사람들은 헬렌의 편을 들었다. 소경인 헬렌이 어떻게 남의 글을 읽고 베낄 수 있겠느냐는 것이었다. 당시의 신문들도 이 문제를 크게 취급하였는데 대체로 다음과 같이 보도되었다.

물론 아직까지 사실이 밝혀지지 않았지만 이 사건에는 주변 사람들의 시기가 상당히 작용했던 것으로 보인다. 헬렌은 설리번의 독특한 교육으로 그 명성을 떨치게 되었고 이로 인해 교장 선생님의 유별난 사랑을 받고 있었기 때문이다.

《톰 소여의 모험》과 《왕자와 거지》라는 작품을 써서 유명해진 작가 마크 트웨인은 이 사건의 이야기를 듣고 쓴웃음을 웃으며 이렇게 말했다.

"참으로 우스운 얘기지. 그런 일이 부정한 행위이고 남의 것을 도둑질한 것이라고 한다면 우리들 소설가는 하나도 도둑놈 아닌 사람이 없을 거야."

그때 이 사건을 듣고 누구보다도 관심을 가진 사람은 캔비 여사였다. 캔비 여사는 이 사건으로 헬렌이 몹시 괴로워하고 있다는 소식을 멀리서 듣고 설리번에게 다음과 같이 자기의 심정을 편지로 전했다.

설리번 선생님께

너무 걱정하지 마십시오. 가령 헬렌이 나의 동화를 듣고 그대로 적었다 하더라도 그럴 만한 기억력과 뛰어난 작문력을 지녔다면 그런 일만으로도 헬렌은 훌륭한 평가를 받아 마땅합니다. 오래 전에 한 번 들은 것을 생각해서 원작 이상으로 더듬어 썼다면 그것도 창작 이상 놀라운 성과이기 때문이지요. 눈과 귀가 멀쩡한 사람도 그런 일은 해낼 수가 없는 것이랍니다.

그리고 작품이 비슷하다고 하여 반드시 남의 것을 베낀 것이라고 단정할 수도 없는 일입니다. 왜냐면 작가들의 상상이란 매우 자유롭기 때문에 어떤 때는 얼마든지 두 사람이 같은 것을 같은 모양으로 상상할 수 있기 때문입니다. 이런 이유로 하여 나는 헬렌의 작품은 어디까지나 헬렌 자신의 창작품이라고 믿어 의심치 않습니다. 그런데도 이 작품을 가지고 문제를 삼아 떠들다니 나는 도무지 이해가 가지 않습니다.

헬렌은 참으로 훌륭한 재능을 가지고 있는 소녀입니다. 앞으로 계속 노력한다면 누구보다도 뛰어난 작가가 될 것입니다. 그러니 뜨거운 동정과 이해를 가지고 헬렌을 격려해주시기 바랍니다. 한 가지 더 헬렌에게 전할 말이 있습니다. 그런 엉뚱한 괴로움을 겪어야만 앞으로 더 좋은 작품이 나올 수 있다는 것입니다.

마가레트 캔비 드림.

밤낮 없는 노력

        동화 사건 때문에 큰 충격을 받은 헬렌은
이후로 한동안 침체된 상태에서 일체 글쓰기를 그만두었다.

정말 기막히고 가슴 아픈 일이었다. 그러던 중 〈세인트 니콜라스〉
라는 잡지사로부터 눈먼 아이들이 어떻게 글자를 똑바로 쓸 수 있
는지에 대해 글을 써달라는 청탁을 받게 되었다. 1892년 4월의 일이
었다.

헬렌은 잠시 망설이다가 다시 글을 쓰기로 마음먹었다. 잡지사로
보낸 글은 그해 6월에 발표되었는데 그 내용은 다음과 같았다.

많은 사람들은 눈먼 아이들이 어떻게 글자의 줄과 줄 사이를 똑바
로 쓸 수 있는지 참으로 궁금할 것입니다. 우리는 글을 쓰기 위해
골을 새긴 쇠로 만든 판을 사용합니다. 글을 쓸 때는 종이 사이에

다 그것을 끼웁니다. 그리고 골이 진 선을 더듬어가면서 작은 글자는 그 안에다 쓰고 큰 글자는 그 선을 중심으로 해서 위와 아래로 크게 늘려 씁니다.

우리는 글자의 모양을 바르게 쓸 뿐만 아니라 간격도 잘 맞추기 위해 오른손으로는 글자를 쓰고, 왼손으로는 손가락을 사용하여 조심스럽게 골라나갑니다. 누구나 처음에는 서툴지만 점점 하다보면 웬만한 편지는 자유롭게 쓸 수 있습니다. 이 글도 바로 그렇게 쓴 것입니다.

우리는 눈먼 아이들이지만 글자를 바르게 쓸 수 있습니다. 마찬가지로 우리는 눈먼 아이들이지만 보통 사람들보다도 더 정직하게 살아갈 수 있습니다. 이것이 하나님께서 우리에게 주신 행복이라고 생각합니다. 글자를 바르게 쓰는 일보다도 중요한 것은 바르게 살아가는 일입니다. 내가 바르게 살아간다면 누구도 나에게 손해를 끼칠 수 없다는 것이 나의 신념입니다.

이 글이 발표된 후 헬렌은 다시 자신감을 얻게 되었다.

"선생님."

헬렌은 모처럼 환하게 웃으면서 설리번을 불렀다.

"말해봐요."

"저는 지난번 동화 사건을 지금은 오히려 고맙게 생각하고 있답니다."

"왜죠?"

"저는 그 글을 쓸 때까지만 해도 세상의 겉모양만 생각했거든요.

그러다가 그 일을 겪은 후 그때까지 보지 못했던 세계를 알게 되었
습니다. 이제 조금은 세상이 어떤 곳인지 알게 된 것 같아요."

"참으로 놀라운 소득입니다. 그런 일을 두고서 화禍가 도리어
복福이 되었다는 거예요."

"모두가 선생님 덕분이에요."

헬렌과 설리번은 서로 벅찬 가슴으로 얼싸안았다. 얼마 후 헬렌은
벨 박사로부터 한 통의 편지를 받게 되었다.

> 사랑하는 헬렌에게
>
> 나는 헬렌의 글을 읽었습니다. 그 글을 읽고 동화 사건 이후로 헬
> 렌이 모든 것을 깊이 생각하는 사람이 되었다는 것을 알았습니다.
> 그렇습니다. 사람은 바르게 사는 일이 중요합니다. 또 세상을 깊은
> 눈으로 뚫어보는 사람은 자연히 바르게 살지 않을 수 없게 되지요.
> 헬렌이 많이 어른이 된 것 같습니다. 하나님께서 끊임없이 인도해
> 주시기를 기도드립니다.

헬렌은 벨 박사의 편지를 받고 새 힘이 솟아났다. 그 무렵 헬렌
과 설리번은 워싱턴으로부터 초청을 받게 되었다. 헬렌이 여덟 살
되던 해 벨 박사의 주선으로 당시의 대통령인 클리블랜드*를 만난
일이 있었는데 이분이 다시 대통령으로 당선되어 취임식에 초청했
기 때문이다.

★ 그로버 클리블랜드 Grover Cleveland, 1837~1908, 미국의 제22,24대 대통령

헬렌과 설리번 선생님을 나의 대통령 취임식에 특별히 초대하는 바입니다.

대통령 클리블랜드.

이 일은 헬렌의 일생에 잊을 수 없는 영예가 아닐 수 없었다.

1893년 3월이었다. 헬렌은 설리번과 함께 벨 박사의 도움으로 북부에 있는 여러 도시들을 여행하면서 워싱턴으로 향했다. 나이아가라 폭포에 처음으로 가본 것도 이때였다.

나이아가라 폭포는 미시간 주와 캐나다의 국경 사이를 흐르고 있는 세인트로렌스 강의 한 줄기에서 형성된 것인데 그 규모도 엄청날 뿐만 아니라 경치가 뛰어나서 사람들의 발길이 끊어지지 않는 관광지였다.

물론 나이아가라 폭포의 경치가 아무리 아름답더라도 헬렌은 직접 눈으로 그 풍광을 볼 수 없었다. 그러나 헬렌의 감각은 참으로 놀라웠다. 발밑으로 느껴지는 큰 진동으로 폭포의 웅장한 모습을 몸으로 느끼면서 입을 다물 줄 모르고 감탄했기 때문이다.

"이처럼 놀라운 폭포가 있다니 하나님의 솜씨가 참으로 놀라워요."

설리번은 그 폭포의 규모를 대강 알려주었다.

"세계에서 가장 큰 폭포랍니다. 높이는 50미터가 넘고 길이는 무려 1200미터가 넘지요. 폭포의 물보라에서 생겨난 오색찬란한 무지

개는 사람들을 무아지경으로 몰아넣는답니다."

헬렌은 이런 경험을 어느 잡지에 발표하면서 다음과 같은 말도
했다.

사람들은 보지 못하는 저를 향해 이렇게 말하곤 합니다. 당신에게
는 아름다운 경치 따위는 전혀 상관이 없겠다고 말입니다. 물론 저
는 바닷가에 밀려드는 파도의 모습이나 그 소리는 보지도 듣지도
못합니다. 그러나 어떤 사물이거나 그 본질만 알아차리면 얼마든
지 그 사물의 모습과 움직임 등을 상상으로 알아낼 수 있지요. 그
것은 마치 사랑이나 선善, 신앙 등의 의미를 마음으로 파악하는 일
과 조금도 다름이 없습니다.

그해 5월에 헬렌은 시카고에서 열린 세계박람회를 구경하게 되었
다. 박람회의 주최자는 바로 벨 박사의 친구였다. 헬렌은 특별한 허
락을 받고 세계 각지에서 온 여러 가지 진귀한 물건들을 직접 손으
로 만져볼 수 있었다. 마치 미지의 꿈나라를 더듬거리듯 그렇게 하
나하나를 손으로 관찰했다.

박람회 장소에는 미술 공예품과 온갖 기계, 각 나라의 특유한 물
건들이 모두 모여 있었다. 헬렌은 이탈리아 탐험가 콜럼버스가 탔던
커다란 배의 모형에도 앉아보고, 이제 막 파낸 다이아몬드를 기계로
갈고 있는 것도 만져보았다. 헬렌은 벨 박사의 자세하고도 친절한
설명을 들으면서 3주 동안이나 날마다 박람회장에서 지내다시피 했
다. 그 기간에 헬렌은 방대한 지식을 쌓았다.

"이 박람회 구경을 하고 나니 저는 갑자기 장난감의 세계에서 현실 세계로 들어온 것 같기만 해요."

헬렌은 벨 박사에게 자기의 소감을 그렇게 말했다.

헬렌은 오래 전부터 큰 꿈을 하나 가지고 있었다. 그것은 학교 안에다 도서관을 세워 불행한 아이들에게 책을 읽도록 하는 것이었다. 헬렌은 자기가 불행한 사람이라고 생각한 적이 별로 없었다. 왜냐하면 다른 사람들의 불행을 더 아파하면서 어떻게 하면 그들을 도울 수 있을까 하는 생각으로 살았기 때문이다. 학교 도서관을 세우기 위해서 어떻게 그 기금을 마련할까 하고 깊이 생각하던 헬렌이 좋은 방법을 생각해냈다.

'옳지. 다과회를 마련한 다음 거기에 모인 사람들에게 기부금을 받도록 하면 되겠구나. 그러면 틀림없이 많은 사람들이 기부금을 낼 거야.'

헬렌은 곧 장소와 날짜를 정한 다음 알고 있는 여러 사람들에게 초청의 편지를 보냈다.

저는 우리 눈먼 아이들을 위해 다과회를 베풀고 여러분의 동정으로 도서관을 세울 기금을 마련하기로 했습니다. 자기의 행복을 남에게 나눠주면 더 큰 행복이 있을 것입니다. 그것은 또한 하나님께서 가장 기뻐하시는 일이라고 믿습니다. 저는 눈이 먼 아이들에게 더욱 밝고 행복한 길을 찾아주기 위해 친절하신 여러분에게 도움을 청합니다.

이처럼 계획한 다과회에는 생각보다 많은 사람들이 몰려들어 성황을 이루었다. 그리고 이때 모아진 돈은 무려 2000달러가 넘었다. 그렇게 하여 그동안 소원하던 학교 도서관을 어려움 없이 세우게 되었다.

～

그해 가을이었다. 헬렌은 라틴어를 배우기 위해 설리번과 함께 펜실베이니아 주에 있는 헬턴으로 갔다. 헬렌은 그곳에서 라틴어뿐만 아니라 수학과 문학까지 배웠다.

어느 날 선생님이 물었다.

"헬렌, 어떤 공부가 가장 싫어요?"

"수학이요."

"그럼 가장 좋아하는 공부는?"

"문학입니다."

"그렇지만 생각하기에 따라 수학도 문학처럼 재미있게 공부할 수 있답니다."

"어떻게요?"

"알고 보면 수학의 세계가 없이는 문학이 만들어질 수 없거든요. 아니 어떻게 보면 이 세상이란 모두가 수학의 세계이기도 해요."

헬렌은 헬턴에서 공부하면서 문학뿐만이 아니라 수학 등 다른 공부에도 관심을 가지게 되었다.

그때 헬렌은 어머니에게 이런 편지를 써서 보냈다.

하나님께서는 저에게 어떤 공부라도 재미있게 할 수 있도록 해주
셨습니다. 어떤 공부이거나 새로운 것을 배운다는 것은 참으로 즐
거운 일이지요. 문학 시간에는 롱 펠로우의 시를 공부하고 있습니
다. 제가 좋아하고 있는 시들은 거의 외우고 있을 정도랍니다.

이듬해인 1894년 가을이었다. 헬렌은 뉴욕으로 가서 라이트 휴메
이슨 농아학교에 입학하여 지리, 역사, 프랑스어, 독일어 등도 배웠
다. 헬렌은 열심히 노력하여 모든 과목의 성적이 훌륭했다.

그러나 역시 선생님의 입술을 만지면서 다른 나라의 말을 배운다
는 것은 쉬운 일이 아니었다. 그래도 휴메이슨 선생님은 헬렌에게
말을 익숙하게 할 수 있도록 해주기 위해 온갖 애를 썼고, 헬렌 자신
도 밤낮없이 노력했다.

헬렌이 남들처럼 자유롭게 말하고 싶은 것이 얼마나 큰 소원이었
는지 겔리라는 친구에게 보냈던 편지의 한 구절만 보고서도 잘 알
수 있다.

선생님이 말을 빨리 하면 아직도 그 입술을 만져보는 것만으로는
알아듣기가 힘듭니다. 그렇지만 끊임없이 노력하면 언젠가는 보
통 사람들처럼 말을 할 수 있으리라 믿고 있습니다. 내가 얼마나
남들처럼 말을 잘할 수 있게 되기를 바라고 있는지 아마 겔리는 모
를 것입니다. 하나님께서는 꼭 내 소원을 들어주시리라 믿습니다.

헬렌이 뉴욕으로 가서 공부한 지도 어느덧 2년이 흘렀다. 드디어 헬렌이 그동안 쌓아왔던 실력을 많은 사람들 앞에서 선보일 때가 되었다.

1896년 7월, 헬렌은 세인트 클레이에서 열리는 전국 농아교육협회에서 주최하는 대회에서 연설을 하게 되었다. 이때 전국에서 모여든 사람은 800명이 넘었다. 당시 헬렌의 나이는 불과 열여섯 살에 지나지 않았으나 얼마나 연설을 잘했는지 거기 모인 사람들을 모두 감격의 도가니로 몰아넣었다.

먼저 헬렌을 소개하기 위해 설리번이 단 위로 올라가서 입을 열었다.

"여러분, 이제 나와서 연설하게 될 헬렌은 결코 불구자가 아닙니다. 물론 보통 아이들이 보고 듣고 말하는 방법이 헬렌에게 통하지 않는 것은 사실이지요. 하지만 우리가 의지하고 있는 눈과 귀와 입만 가지고서 무엇을 안다고 여긴다면 그것은 큰 오해입니다.

헬렌은 불쌍하게도 태어난 지 1년 7개월 만에 눈과 귀와 입의 기능을 모두 빼앗기고 말았습니다. 그럼에도 불구하고 헬렌은 이제 불구자가 아닙니다. 헬렌은 그동안 피눈물 나는 노력과 공부를 통해 정상인만큼의 의사소통 능력과 지성을 갖추게 되었기 때문입니다."

여기까지 말하던 설리번은 더 말을 잇지 못하고 눈물을 훔치면서 단을 내려왔다. 헬렌이 이어 연설했다.

"나도 나처럼 보지도 못하고 듣지도 못하는 사람이 말을 배울 수 있으리라고는 생각하지 못했습니다. 그리고 말을 배우기 시작하면서도 내가 오늘처럼 연단에 서서 이만큼 말을 할 수 있게 되리라고

192

는 생각할 수 없었습니다. 그렇지만 보다시피 나는 지금 보통 사람과 별 차이 없이 말하게 되었습니다. 이 감격을 어떻게 말해야 할까요. 마치 오랫동안 갇혀 있던 새가 푸른 하늘을 향해 날개를 활짝 펴고서 날아오르는 기분이랍니다.

물론 눈이 멀고 들리지 않는 사람은 말을 배울 수 없습니다. 그것은 어떤 일보다도 어렵고 험난한 길이기 때문입니다. 그러나 그 길이 어렵고 험난하면 할수록 그 길을 넘은 후의 기쁨 또한 그에 비례합니다. 말을 배우고 싶어 하는 여러분들, 용기를 가지고 계속 끈기 있게 노력하시기 바랍니다. 하나님께서는 여러분들에게도 반드시 기쁜 노래를 부를 수 있도록 만들어주실 것입니다."

1896년은 헬렌에게 있어 영광스러운 해였지만 한편 무척 슬픈 해이기도 했다. 그해 8월에 사랑하는 아버지 아더 켈러가 세상을 떠났기 때문이다.

빛나는 활약

　　　　　　　　　　　　1896년 헬렌 켈러는
하버드 대학교와 자매관계를 맺고 있던 래드클리프 대학에 들어갈
준비 교육을 받으려고 캠브리지 여학교에 입학했다. 이때부터 헬렌
켈러는 처음으로 건강한 학생들과 함께 어울려 공부하게 되었다. 젊
고 상냥한 여학생들은 헬렌 켈러에게 친절하게 대했고 많은 도움을
주었다.

　헬렌에게 있어 정상인들과 같은 코스로 공부한다는 것은 무척 힘
겨운 일이었다. 눈으로 교과서를 볼 수 없기에 설리번이 곁에서 일
일이 교과서 내용을 손바닥에 써주어야 했다. 학과목은 영국 역사,
영문학, 독일어, 라틴어, 프랑스어, 수학 등 본격적인 학문이어서 참
으로 피나는 노력 없이는 해낼 수 없는 과목들이었다.

　그렇게 하여 헬렌 켈러는 1899년 6월에 있었던 래드클리프 대학의 입학시험 전 과목에 합격하여 당당히 미국 최고의 교육을 받게 되었다. 그것은 그동안 수많은 어려움을 이겨내고 쌓았던 피나는 노력의 결실이었다.

그 전해에 어떤 친구에게 보냈던 다음의 편지 한 구절만 보아도 이를 잘 알 수 있다.

> 눈멀고 귀머거리인 나로서 정상적인 학생들과 함께 공부하면서 그들과 힘을 겨룬다는 것은 참으로 어려운 일입니다. 남들보다 배나 노력에 노력을 해야 하기에 힘겹지만 하나님께서 힘과 용기를 주시니 하나하나 열심히 공부하고 있습니다.

헬렌 켈러는 대학생활을 하면서 《나의 생애》와 《낙관주의》라는 두 권의 책을 펴냈다.

헬렌 켈러가 대학교 3학년 때인 1903년 어느 날 〈레이디스 홈 저널〉라는 잡지사에서 기자가 찾아와 원고를 청탁했다.

"레이디스 홈 저널에서 왔습니다. 사장님께서 당신의 전기를 우리 잡지에 연재하고 싶다고 하셨습니다. 그래서 이렇게 청하러 온 것입니다."

"보다시피 저는 학교 공부에 몹시 바쁘답니다. 그래서 따로 그런 글을 쓸 시간이 없습니다."

헬렌 켈러가 정중히 거절하자 기자는 매달렸다.

"그렇지만 작문 시간이나 이전에 틈틈이 써두었던 글들이 있지 않나요? 그런 글만 모아도 됩니다."

"어머나, 어떻게 그런 것까지 다 알고 있죠?"

"그야 직업이니까요."

기자의 끈질긴 설득에 헬렌 켈러는 마침내 자신의 어린 시절을 담은 원고를 잡지에 연재하는 계약을 하고 사인을 했다. 고료는 3000 달러를 받기로 했다. 자기가 겪은 일들을 글로 쓴다는 것은 어려운 일이었다. 그 많은 인생의 곡절들을 제대로 표현할 수 없었기 때문이다. 그래도 원고 마감 날짜가 넘으면 여느 작가처럼 '다음 글을 빨리 보내라'라는 재촉을 받았고, 어떤 때는 '7페이지와 8페이지 사이의 관계가 분명치 않으니 곧 전보로 알려주길 바람'이라는 독촉이 오기도 했다.

잡지에 연재한 글이 모아져 《나의 생애》가 세상에 나오게 되었는데 이 책이 수많은 불구자들에게 큰 용기를 준 것은 말할 나위 없었다. 이후 출간된 《낙관주의》는 더욱 많은 사람들에게 감동을 주었다. 눈멀고 귀머거리였기에 참으로 불행해야 마땅했던 헬렌이었지만 책의 제목이 보여주듯 슬픈 생각보다는 밝은 생각을 가지고 긍정적인 삶을 살아가는 그녀의 정신이 다른 사람들에게 감동을 주었던 것이다.

그해 미주리 주 세인트루이스에서 만국박람회가 열렸는데 헬렌 켈러는 그곳 대강당에서 강연을 하게 되었다. 전에도 강연을 한 적은 있었지만 그처럼 큰 강당에서 강연하게 된 것은 처음이었다.

보지도 듣지도 못하는 한 여대생이 강연을 한다는 전단이 사방에 나붙었기 때문에 박람회의 대강당은 발 디딜 틈도 없이 꽉 들어찼다. 그동안 사람들은 헬렌 켈러가 삼중불구라는 말만 듣고 외모에 관해서는 전혀 몰랐는데 막상 아름다운 헬렌 켈러의 모습을 보고는 모두가 놀라움을 금치 못했다. 게다가 말소리까지 너무나 고왔기 때문에 놀라지 않을 수 없었다.

"놀라운 일이야."

"누가 저런 사람을 불구자라고 하겠어."

"정말 믿을 수 없는 일이군."

장내에서는 감탄하는 소리가 그치지 않았다. 이윽고 강연이 끝나자 우렁찬 박수소리가 한동안 장내를 진동시켰다. 그 사이사이에서 감격의 눈물을 흘리는 사람도 많았다.

1904년에 헬렌 켈러는 래드클리프 대학을 졸업하고 문학사가 되는 영광을 차지했다. 게다가 영문학에서는 우등상까지 받게 되어 많은 사람들의 갈채를 받았다.

대학에서 공부하는 동안 헬렌 켈러를 돕겠다고 자진해서 나선 사람이 있었다. 미국에서 당시에 가장 큰 부자인 강철왕이라고 불리우던 카네기(Carnegie Andrew, 1835-1919)가 바로 그 사람이었다.

헬렌 켈러는 처음엔 조심스럽게 그 청을 사양했다. 자기는 아직 젊기 때문에 구차하게 남의 도움을 받고 싶지 않다고 거절했던 것이다. 그후 2년이 지나 헬렌 켈러와 설리번이 뉴욕에 갔을 때 카네기 부부는 이 두 사람을 초대했다. 카네기 부부는 다정한 사람들이었다. 두 사람이 서재로 들어서자 카네기는 자기의 맏딸 마가렛의 머리를 쓰다듬으면서 이렇게 말했다.

"제 딸 마가렛은 우리 집에서 제일가는 자선가랍니다. 언제나 제 귀에다 대고 '누군가를 행복하게 해드리세요'라고 속삭여주는 귀염둥이죠."

서로 홍차를 나누면서 여러 가지 얘기를 하다가 이윽고 카네기가 물었다.

"그런데 제가 전에 헬렌 켈러 양을 돕겠다고 했는데 지금도 제 도움을 받고 싶지 않은가요?"

"예, 아직 받고 싶지 않습니다."

그러자 카네기는 정색을 하며 말했다.

"그 심정은 잘 알겠습니다만 주위 사람들에게 폐가 되는 일이 아니라면 너무 고집하지 말고 다른 사람이 얻을 수 있는 행복도 생각해주십시오."

카네기의 간절한 부탁에 헬렌 켈러는 결국 카네기의 청을 받아들였다.

대학을 졸업하고 난 헬렌 켈러는 그 이듬해에 《어둠에서 헤어나》라는 책을 출판했다. 이 책 역시 많은 불행한 사람들에게 큰 빛을 던져주었다.

헬렌 켈러의 관심은 무엇보다도 맹아나 농아들의 교육 환경과 생활 대책을 마련하는 일이었다. 그래서 잡지나 신문에 글을 쓰는 일은 물론 손수 책을 쓰고 심지어 강연회에 나가서 연설을 통해 이를 일깨워주었다. 생긴 수익금으로는 매사추세츠 주에 있는 랜섬의 땅을 사서 거처할 집을 마련하기도 했다.

헬렌 켈러가 일곱 살 때 설리번을 만나 처음으로 '인형'이라는 말을 배운 후 대학을 졸업할 때까지의 18년 동안 두 사람은 말로 할 수 없는 피나는 싸움을 해야 했다. 그러다보니 설리번의 건강이 약화되었고 소녀시절에 앓았던 눈병이 다시 도지게 되어 시력이 나빠지게 되었다. 헬렌 켈러가 랜섬 땅을 사서 집을 마련했던 것도 설리번의 휴양처를 만들기 위함이었다.

헬렌 켈러는 자기만 원한다면 랜섬의 집에서 조용히 글이나 쓰면서 평안히 지낼 수도 있었다. 그러나 그는 조금도 그렇게 살기를 원하지 않고 언제까지라도 불행한 사람들을 위해 자기 몸을 바칠 각오를 가지고 이런저런 활동을 계속했다.

헬렌 켈러는 다음과 같은 신조를 가지고 살았다.

"나는 내가 누리고 있는 기쁨을 될수록 많은 사람들에게 나눠주는 것을 가장 큰 행복으로 삼겠다. 이것이 바로 하나님께서 나에게 가르쳐주신 행복이다."

헬렌 켈러는 1906년에 매사추세츠 주의 맹인교육위원회 의원에 임명된 후부터 미국 안에 있는 맹아 교육기관들을 통일시키고 발전시키려는 일에 평생을 바쳤다.

헬렌 켈러는 맹아와 농아들을 위한 구제라면 무슨 일이나 발벗고 나섰다. 기금을 마련하기 위해 사방을 돌아다녔고, 불행한 사람들을 돕는 일이 매우 중요하다는 것을 사람들에게 호소하기 위해 수없이 글을 쓰고 전 세계를 돌아다니며 강연도 했다.

1903년에 잡지에 연재했던 어린 시절의 이야기가 1918년에 〈해방〉이라는 제목으로 영화화되었을 때는 직접 주인공으로 출연하기도 했다. 이것 또한 불행한 사람들의 생활을 널리 알리자는 목적이 있었고 출연료는 구제사업에 쓰려고 했다.

이때 더러는 헬렌 켈러를 비난하는 사람도 있었다.

"최고 학문을 닦은 사람이 어떻게 흥행을 위해 만든 영화에 출연한단 말인가?"

이에 대해 헬렌 켈러는 단호하게 대답했다.

"불행한 사람들을 위해 내가 무대에 선다는 것은 조금도 부끄러운 일이 아닙니다. 우리 맹아들과 농아들을 위하는 일이라면 나는 원숭이처럼 사람들 앞에서 구경거리가 되어도 좋아요. 문제는 우리 불쌍한 사람들이 사람답게 살게 되는 것이지요."

한편 1907년에는 잡지 〈레이디스 홈 저널〉을 통해 사람들에게 불쌍한 사람들을 돕는 일을 적극적으로 주장하여 큰 감동을 일으켰다.

1914년에는 헬렌 켈러의 어머니인 케이트 부인의 건강이 몹시 나빠져서 폴리 톰슨 양을 비서로 채용하고 함께 살게 되었다. 이후 톰슨 양은 헬렌 켈러뿐 아니라 설리번에게도 큰 도움이 되었다.

가장 눈부신 활동은 1929년에 헬렌 켈러의 열렬한 운동으로 미국의 전체 맹인들을 위한 국립도서관이 세워진 일이었다. 그리하여 그곳에 여러 부문의 책들은 물론 잡지와 신문까지도 점자판이 갖춰지게 되었다.

헬렌 켈러는 1930년까지 전국의 도시를 돌아다니며 290회나 연설을 하였고 연설을 들은 사람의 수는 무려 25만 명이 넘었다. 연설의 내용은 주로 실명을 막는 길, 실명자들의 취업 문제, 그리고 점자책의 보급에 관한 것들이었다.

헬렌 켈러의 사랑의 정신과 인도주의 정신은 바다 건너 유럽은 물론 아시아 여러 나라에도 널리 알려져 전 세계의 맹인들에게 큰 용기를 불어넣었다.

책도 그동안 여러 권을 더 썼다. 1908년 《내가 사는 세상》의 출판에 이어 1927년에는 《나의 신앙》, 그리고 1929년에는 소녀시절 그 이후의 생애를 담은 《생의 한가운데서》, 1933년에는 《스코틀랜드에서의 헬렌 켈러》를 출판했다. 그 내용들은 한결같이 예수 그리스도에게서 배운 사랑의 정신이었다.

1932년 9월, 헬렌 켈러가 52세 때의 일이었다. 그해 뉴욕 국제회관에서 후버 대통령이 마련한 세계맹인대회가 열렸는데 헬렌 켈러는 이 대회에 참석하여 환영 연설을 했다. 그 자리에는 여러 나라의 대표자는 물론 미국 안에 있는 맹인 교육자들과 이 사업에 관심과 동정을 가진 많은 정치가, 학자, 사업가들이 참석했다.

헬렌 켈러는 1931년 2월에 템플 대학교로부터 인문학 박사 칭호를 받게 되었다. 그리고 1932년에는 그래스고우 대학교에서 법학박사 학위를, 1951년에는 위트워터랜드 대학교에서 법학박사 학위를 받았고, 1952년에는 프랑스에서 레종 도네르 훈장을 받기도 했다.

이처럼 헬렌 켈러의 활동은 눈부시게 빛났지만 그동안 슬픈 일도 많이 겪었다. 가장 큰 슬픔은 36세 때에 첫사랑에 실연을 당한 일이었다. 설리번이 병으로 앓고 있는 동안 비서로 채용했던 젊은이와 깊은 사랑에 빠져 약혼까지 하려 했으나 어머니의 강한 반대로 그만 헤어지고 말았다. 성인이었던 헬렌 켈러는 자신의 의사대로 결혼을 강행할 수도 있었지만 어머니의 뜻을 거역할 수 없어 헤어진 것이다.

다음으로는 1차세계대전 후 경제적으로 어려움을 당해 랜섬의 토지와 집을 팔았던 일이었다. 13년 동안 살았던 정든 땅을 팔면서 헬렌 켈러는 매우 슬퍼했다. 또한 1921년에는 사랑하는 어머니가 세상을 떠났다. 헬렌에 대한 어머니의 극진했던 사랑은 돌아가신 후 헬렌의 슬픔을 더욱 가중시켰다.

무엇보다도 헬렌에게 충격을 준 일은 설리번의 죽음이었다. 1936년 10월 20일이었다. 한때 설리번은 존 메이시라는 문학교수와 결혼한 일이 있었다.

"헬렌, 선생님은 이번에 결혼을 하게 되었어요. 헬렌도 축하해주겠지요?"

"선생님, 그게 정말이세요?"

"그래요. 결혼하게 될 사람은 헬렌도 잘 아는 메이시 교수님이세요."

"정말 축하해요 선생님."

이렇게 설리번은 결혼하였지만 그 교수는 어느 날 훌쩍 떠나버린 다음 영영 돌아오지 않아 설리번은 무척 괴로워했다. 설리번은 개인적인 삶에 있어서는 불행한 사람이었다. 부모의 사랑도 제대로 받지 못했을 뿐 아니라 결혼생활 또한 실패로 끝났기 때문이다. 그러나 헬렌 켈러에게 바쳤던 그 희생은 참으로 값졌다. 설리번의 희생이 없었다면 헬렌 켈러가 있을 수 없었을 것이다. 그렇기에 설리번의 죽음은 헬렌 켈러에게 더없는 슬픔이었다.

영원한 빛을 남기고

                          거듭되는 어려움 속에서도
헬렌은 용기를 가지고 계속해서 자신에게 맡겨진 일을 추진해갔다.
언젠가 헬렌 켈러는 가까운 친구에게 다음과 같은 편지를 쓴 일이
있었다.

> 내가 아무것도 몰랐던 어린 시절에는 세상 사람들 모두가 행복하
> 게만 보였습니다. 그러나 철이 들면서부터 세상에는 많은 불행과
> 고통이 있다는 것을 알고 얼마나 슬퍼했는지 모릅니다.
> 그러나 만약 인생에 그런 불행이나 고통이 없다면 어떤 일에 참고
> 견디며 용기를 갖는 훌륭한 정신을 배울 수 없겠죠. 그래서 나는
> 우리가 겪어야 하는 모든 괴로운 일과 슬픈 일 전부를 하나님의 선
> 물이라고 여기면서 감사하게 되었습니다.

헬렌 켈러에게는 기념할 일이 많았다. 그중에서도 1914년 1월에 처음으로 미국 대륙을 횡단했던 일은 어머니와 함께한 여행이어서 더욱 기억에 남았다.

어머니 케이트는 헬렌 켈러가 차에 타고 내리는 것, 물건을 사는 것, 손님을 접대하는 일 등에 이르기까지 모든 것을 맡아 해주었다. 그러나 헬렌 켈러는 어머니에게 이제까지 보지 못했던 곳들을 구경시켜 드릴 수 있다는 것이 기쁘기만 했다. 이 여행을 통해 케이트는 처음으로 대서양과 태평양 연안까지 여행할 수 있었다.

이 대륙 횡단 중에 최초로 헬렌 켈러가 강연한 곳은 캐나다의 오타와였다. 헬렌 켈러의 강연 소식이 퍼지자 사방에서 많은 사람들이 몰려와 만원을 이뤘다. 사람들은 삼중불구자가 그만큼 말을 하게 되었다는 것도 놀라웠지만, 한마디 한마디가 듣는 이들의 가슴에 큰 감동을 주었기 때문에 더욱 놀라워했다.

오타와에서 강연을 마친 헬렌 켈러는 오하이오 주로 가서 강연했고 다음에는 미시간 주와 미네소타 주, 그리고 아이오와 주와 그밖에 중서부 지방을 두루 돌아다니면서 강연했다.

여행과 강연을 오랫동안 하는 것은 무척 피곤한 일이었지만 그래도 헬렌 켈러는 기쁘기만 했다. 가는 곳마다 자기를 아껴주는 수많은 사람들을 만날 수 있기 때문이다. 헬렌 켈러는 강연이 없는 틈을 이용해 시간이 나는 대로 그 지방의 맹아학교와 농아학교를 방문했다.

"나는 오래 전에 당신의 책을 읽고 얼마나 감동했는지 모릅니다."

"나는 얼마나 당신을 만나보기 원했는지 모른답니다."

"이렇게 와주셔서 정말 꿈만 같아요."

그곳 사람들은 헬렌 켈러를 마치 천사가 찾아온 것처럼 반가워했다. 이처럼 가는 곳마다 사람들의 환대 속에 헬렌 켈러는 피곤한 줄도 모르고 계속 강연을 했다.

어느 날 밤 잠자리에 들면서 헬렌 켈러는 어머니에게 이렇게 말했다.

"어머니, 저는 지금까지 인간이 의지만 강하면 얼마든지 불행한 운명을 극복할 수 있다고 생각했답니다. 일찍부터 눈과 귀와 입을 잃어버렸던 제가 그런 엄청난 불행을 딛고서 이만큼 행복하게 되었기 때문이지요. 그런데 요즈음에 와서는 제가 오늘날 이만큼 된 것은 훌륭한 아버지와 어머니 그리고 설리번 선생님, 그밖에도 많은 좋은 친구들로부터 남들이 받을 수 없었던 깊은 사랑과 훌륭한 교육을 받았기 때문이라는 것을 깨닫게 된답니다. 이렇게 좋은 환경 속에 있는 불구자가 이 세상에 몇이나 되겠어요. 그래서 저는 제가 받은 행복에 감사하지 않을 수 없고 동시에 저보다 더 불행한 환경에 처한 사람들에게 이 행복을 나눠주어야 할 거룩한 의무가 있다고 생각하게 되었답니다. 또 마땅히 그래야만 이제까지 그 많은 은혜를 베풀어주신 하나님께 보답하는 일이 된다고 생각합니다."

헬렌의 이런 깨달음은 그 자체가 다른 무엇보다 큰 행복이었다.

헬렌 켈러는 바쁜 여행 가운데서도 틈틈이 병을 앓고 있던 설리번에게 편지를 보내는 일을 잊지 않았다. 사실 이 여행에 케이트가 동행한 것은 설리번이 앓아 누워 있기 때문이었다.

존경하는 설리번 선생님께

이번 여행을 경험한 후에 여태까지 선생님은 제 어머니의 역할을 다해주셨다는 것을 알게 되었습니다. 정말 선생님은 지금까지 제게 어느 어머니보다도 훌륭한 어머니셨습니다. 저는 그동안 여러 지방에서 100회 이상 강연했고, 아직도 많은 곳이 남아 있습니다. 그래도 아직 지치지 않고 있는 것은 선생님께서 늘 하나님께 기도해주시는 덕분이라고 생각해요. 아무쪼록 제가 돌아가서 선생님의 건강해진 모습을 뵐 수 있기를 바랍니다.

선생님의 제자 헬렌 켈러 드림.

헬렌 켈러는 많은 강연과 불쌍한 사람들을 위한 구제 이외에도 전쟁을 반대하는 연설을 하기도 했다. 그 일은 1916년부터 시작되었다. 1914년부터 시작하여 1918년까지 계속된 세계대전으로 인해 세계 각처는 크게 혼란스러웠다. 누구보다도 전쟁을 싫어한 헬렌 켈러는 미국이 전쟁에 참가하지 못하도록 하기 위해 열심히 반대 운동을 벌였다. 그러나 그와는 달리 미국의 참전을 적극 지지하고 나서는 단체가 많았다.

헬렌 켈러는 이때 네브래스카, 캔자스, 미시시피 등을 돌아다니며 전쟁을 반대하는 강연을 했다. 그러나 이런 운동은 결국 실패로 돌아가고 말았다. 이미 전쟁의 불길이 마구 번지고 있어 이를 억제하기 힘들었다.

헬렌 켈러가 전쟁을 반대하는 강연을 펴자 그때까지 그녀를 '현대의 기적'이라고 칭송하던 사람들이 이번에는 일제히 비난과 조소를 퍼부었다.

"불구자가 전쟁을 반대하다니!"

"우린 그런 말을 들을 만한 바보들이 아냐!"

"저런 잠꼬대가 우리를 죽이는 거야!"

게다가 신문들까지 마치 손바닥 뒤집듯 헬렌 켈러를 비난하고 나섰다. 전혀 상황을 판단하지 못한 엉뚱한 소리라는 것이었다. 이런 형편은 별수 없이 미국으로 하여금 전쟁의 불길에 휩쓸려가는 결과를 낳게 되었다.

1930년 6월 27일은 헬렌 켈러가 50회 생일을 맞는 날이었다. 미국의 모든 국민들은 이날을 앞두고 성대한 축하파티를 마련할 계획을 세웠다. 그러나 헬렌 켈러는 이 소식을 듣고 오히려 깜짝 놀랐다.

"안 됩니다. 나는 나의 생일에 미국의 온 국민들로부터 축하를 받아야 할 만큼 훌륭한 일을 한 것이 없습니다. 나는 나처럼 불행한 사람들을 힘닿는 데까지 도왔을 뿐이고 이것은 내가 하나님 앞에서 마땅히 해야 할 일이었습니다."

헬렌 켈러는 주위 사람들에게 그처럼 말하고 훌쩍 영국 여행길에 올랐다. 미국 국민들이 요란한 생일 축하를 벌일 수 없도록 미리 몸을 피해버린 것이다.

헬렌 켈러는 조금이라도 누구로부터 칭찬을 들으려 하거나 영광을 받으려 하지 않았다. 사람들 앞에서 자신이 높여진다는 것을 가장 싫어했다. 그래도 불행한 사람들을 위하는 일이라면 어떤 일도 개의치 않고 뛰어들었다. 그녀는 늘 입버릇처럼 이렇게 말했다.

　"나는 다른 사람들이 기뻐하는 일을 가장 기뻐합니다. 그 어떤 경우에도 나 혼자서만 기뻐하는 일이 참된 기쁨일 수 없기 때문입니다."

　헬렌 켈러는 미국 안에서만 아니라 나라 밖을 다니면서도 많은 일을 했다. 가령 1937년에 한국을 다녀갔던 일이나 1938년에 오스트레일리아에서 큰 강연회를 열었던 일들도 그 좋은 본보기였다. 이런 빛나는 업적들로 인해 1953년에는 세계맹인협회로부터 표창장을 받기도 했다. 같은 해에 헬렌 켈러는 당시 대통령인 아이젠하워를 만났는데 이때 불행한 아이들을 위해 나라에서 먼저 좋은 시설들을 갖춰주어야 한다고 힘주어 말했다.

　1954년 미국의 맹인협회는 헬렌 켈러가 태어난 터스컴비아에 있는 집을 기념관으로 보존하기로 결정했다. 그리고 같은 해에 래드클리프 대학에서는 헬렌 켈러의 졸업 50주년을 기념하기 위해 학교에다 '헬렌 켈러 기념 정원'을 만들기도 했다.

　1960년 6월 27일은 헬렌 켈러가 만 80세 생일을 맞는 날이었다. 이때는 세계맹인협회 주최로 성대한 축하잔치가 열렸다. 특히 헬렌 켈러는 전 세계에 흩어져 있는 수많은 장애인들로부터 축하의 전보와 편지들을 껴안고 기쁨의 눈물을 흘리면서 말했다.

"이보다 더 기쁜 일이 또 있을까요. 나는 내 몸으로 낳은 자식들은 없지만 대신 하나님께서는 이처럼 많은 자식들을 내게 주셨습니다."

이해에 헬렌 켈러는 오랫동안 계획해왔던 일을 이루게 되었다. 미개한 나라들의 맹인들을 원조할 것을 목적으로 하는 '헬렌 켈러 80세 기념재단'이 설립된 일이었다. 이때 설립 기금으로 모인 것이 자그마치 120만 달러나 되었다. 또 같은 해 '헬렌 켈러 국제상'이 창설되었다. 이 상은 해마다 전 세계에서 맹아들을 위해 몸을 바친 개인이나 단체를 기리는 것이었다.

이 무렵 헬렌 켈러는 코네티컷 주 아켄리지의 숲속에 있는 조용한 집에서 세 명의 시중을 들어주는 사람과 톰슨 양이 죽은 후 대신 들어온 에블린 사이트 부인과 함께 살았다.

헬렌 켈러는 나이가 많았지만 건강을 잃지 않고 원고를 썼고, 또 여러 곳에서 날아온 편지들의 답장을 쓰기도 하면서 바쁜 시간을 보냈다. 아침 일찍 일어나서 개들을 데리고 숲속의 오솔길을 따라 산책하는 시간은 하루 중에 가장 즐거운 시간이었다. 아침 햇살에 영롱하게 빛나는 이슬방울들, 상쾌한 숲속 공기의 친근함은 헬렌에게 있어 무엇보다도 좋은 친구였다.

이슬을 머금은 풀 냄새는 지난날의 아름다운 추억들을 일깨워주었다. 그 향긋한 냄새 안에는 손으로만 만져보았던 아버지와 어머니의 얼굴, 그리고 설리번 선생님의 따뜻한 가슴, 또 맹아학교에서 만난 여러 선생님들과 친구들의 손길이 들어 있었다.

'오, 하나님께서 내게 보내주셨던 이 고마운 사람들, 이분들이 아니었다면 오늘 나는 과연 어떻게 되었을까?'

이런 생각이 들 때마다 헬렌 켈러는 하나님께 감사기도를 드렸다. 헬렌 켈러의 위대한 정신은 누구도 차별하지 않고 사랑하는 예수 그리스도의 사랑이었다. 헬렌 켈러가 얼마만큼 모든 사람을 사랑했나 하는 것은 흑인들에 대한 태도 하나만 보아도 잘 알 수 있었다.

헬렌 켈러는 노예제도 폐지를 반대했던 남부에서 태어나 자랐다. 남북전쟁에서 북부가 승리하고 노예가 해방된 뒤에도 남부 사람들의 흑인에 대한 차별은 조금도 나아지지 않아서 학교는 말할 것 없고 극장이나 음식점, 심지어 교회 안에서까지 흑인들의 자리가 따로 만들어져 있을 지경이었다. 그러나 그녀는 흑인을 백인 이상으로 사랑하고 친절하게 대했다.

하루는 헬렌 켈러가 남부의 어떤 도시에서 강연회를 하게 되었다. 강연회 장소에는 수많은 사람들이 모여 들었으나 흑인들은 한 사람도 참석하지 못하게 했기 때문에 헬렌 켈러는 여간 슬프지 않았다. 그래서 강연회를 마치고 난 헬렌 켈러는 곧 가까운 학교로 달려가 흑인들만을 위한 강연회를 또 열었다. 그러자 수많은 흑인들이 기뻐하면서 몰려들었다. 이때 헬렌 켈러는 큰소리로 외쳤다.

"흑인 형제들이여, 하나님은 모든 사람을 똑같이 사랑하십니다. 왜냐면 하나님은 모든 사람들을 당신의 손으로 친히 만드셨기 때문입니다. 사람은 피부가 희다고 하여 더 가치가 있거나 피부가 검다고 하여 가치가 없는 것은 아닙니다. 사람의 가치는 겉모양에 있지 않고 깨끗한 마음과 영혼에 있기 때문입니다. 그래서 피부가 희더라

도 그 마음이 깨끗하지 못하면 하나님께 합당치 못하고 피부가 검더라도 그 마음이 깨끗하면 하나님의 사랑을 받게 되는 것입니다. 그러니 여러분들은 피부가 검다고 하여 조금도 좌절하지 말고 힘차게 살기 바랍니다."

강연이 끝나자 흑인 소녀가 꽃다발을 들고 와서 헬렌 켈러에게 눈물을 흘리며 감사의 표현을 했다. 이때 헬렌 켈러는 그 소녀를 껴안으며 이렇게 말했다.

"우리 집에 살고 있는 사람들은 나만 빼고 모두 흑인이랍니다. 내가 얼마나 그들의 도움을 받고 사는지 몰라요. 그래서 나는 모든 흑인들이 훌륭하다고 생각한답니다."

이 말을 듣고 거기에 모인 흑인들은 모두 흐느껴 울었다. 그런 감동적인 위로를 누구에게서도 받아본 일이 없었기 때문이었다.

1968년 6월 1일, 헬렌 켈러는 코네티컷 주에 있는 자기 집에서 88세의 나이로 조용히 숨을 거두었다. 헬렌 켈러는 그렇게 갔지만 불행한 사람들뿐만 아니라, 모든 사람을 사랑했던 그 정신은 영원히 빛나는 빛이 되어 인류의 가슴을 비춰주고 있다.

1880년	미국 앨라배마 주 터스컴비아에서 태어나다.
1882년(2세)	급성 열병을 앓고 시력과 청력을 잃고 말도 하지 못하게 되다.
1887년(7세)	가정교사로 온 앤 설리번에게 교육을 받기 시작하다.
1888년(8세)	퍼킨스 맹아학교에서 점자교육을 받다.
1890년(10세)	플러 선생님에게서 발성법을 배우다.
1891년(11세)	자신이 쓴 동화가 표절 시비에 휘말리다.
1893년(13세)	모금운동을 벌여 터스컴비아에 도서관을 세우다.
1894년(14세)	라이트 휴메이슨 농아학교에 입학하여 2년 간 공부하다.
1896년(16세)	아버지 아더 켈러가 세상을 떠나다. 케임브리지 여학교에 입학하다.
1899년(19세)	래드클리프 대학에 입학하다.
1903년(23세)	〈레이디스 홈 저널〉에 '내가 살아온 이야기'를 연재하다.
1904년(24세)	매사추세츠 주 랜섬에서 집을 구입해 정착하다. 영문학에서 우등상을 받으며 래드클리프 대학을 졸업하다.
1906년(26세)	매사추세츠 주 맹인교육위원회 위원이 되다.
1908년(28세)	《내가 사는 세상》을 출간하다.

한눈에 보는 헬렌 켈러의 생애

1914년(34세)	미국 대륙을 횡단하며 순회강연을 시작하다.
1916년(36세)	네브래스카, 캔자스, 미시시피 등에서 반전反戰 강연을 하다.
1918년(38세)	자신의 삶을 다룬 영화 〈해방〉이 제작되다.
1921년(41세)	어머니가 세상을 떠나다.
1927년(47세)	《나의 신앙》을 출간하다.
1929년(49세)	《생의 한가운데서》를 출간하다.
1931년(51세)	템플 대학에서 인문학 박사학위를 받다.
1932년(52세)	미국맹인협회의 임원으로 선출되다.
1936년(56세)	평생의 스승 설리번이 세상을 떠나다.
1937년(57세)	일본, 한국, 만주를 방문하다.
1942년(62세)	2차세계대전 부상병 구제운동을 펼치다.
1955년(75세)	하버드 대학교에서 여성 최초로 명예학위를 받다.
1964년(84세)	미국 최고 훈장인 자유의 메달을 받다.
1965년(85세)	전미 여성 명예의 전당에 이름이 오르다.
1968년(88세)	코네티컷 자신의 집에서 숨을 거두다.

소망의 하나님이 모든 기쁨과 평강을 믿음 안에서 너희에게 충만하게 하사
성령의 능력으로 소망이 넘치게 하시기를 원하노라

로마서 15장 13절

실천 · 적용 편

"소망으로 하나님께 영광을!"

부록1. 하나님이 원하시는 마음밭 만들기

부록2. 말씀과 성품 씨앗 심기

부록1 하나님이 원하시는 마음밭 만들기

하나님은 우리에게 거룩한 소원을 주기를 원하십니다. 하나님을 사랑하고 이웃을 사랑하는 것이 그것입니다. 여러분의 소망은 어디에 있는지 생각해봅시다.

예수께서 이르시되 네 마음을 다하고 목숨을 다하고 뜻을 다하여 주 너의 하나님을 사랑하라 하셨으니 이것이 크고 첫째 되는 계명이요 둘째도 그와 같으니 네 이웃을 네 자신 같이 사랑하라 하셨으니 이 두 계명이 온 율법과 선지자의 강령이니라(마 22:37-40)

"어머니, 저는 지금까지 인간이 의지만 강하면 얼마든지 불행한 운명을 극복할 수 있다고 생각했답니다. 일찍부터 눈과 귀와 입을 잃어버렸던 제가 그런 엄청난 불행을 딛고서 이만큼 행복하게 되었기 때문이지요. 그런데 요즈음에 와서는 제가 오늘날 이만큼 된 것은 훌륭한 아버지와 어머니 그리고 설리번 선생님, 그밖에도 많은 좋은 친구들로부터 남들이 받을 수 없었던 깊은 사랑과 훌륭한 교육을 받았기 때문이라는 것을 깨닫게 된답니다. 이렇게 좋은 환경 속에 있는 불구자가 이 세상에 몇이나 되겠어요. 그래서 저는 제가 받은 행복에 감사하지 않을 수 없고 동시에 저보다 더 불행한 환경에 처한 사람들에게 이 행복을 나눠주어야 할 거룩한 의무가 있다고 생각하게 되었답니다. 또 마땅히 그래야만 이제까지 그 많은 은혜를 베풀어주신 하나님께 보답하는 일이 된다고 생각합니다."(208쪽)

부록2 **말씀**과 **성품** 씨앗 심기

'소망'이란?

소망은 하나님 그분과 하나님나라를 향한 거룩한 소원입니다. 하나님을 더 알고 사랑하고 싶은 소원, 다른 사람의 자유와 행복을 위한 소원이야말로 진정한 우리의 소망입니다.

 말씀의 전신갑주를 입고 전진!

생활 속에서 소망을 실천하기 전에 먼저 하나님의 말씀으로 옷 입는 것이 중요합니다. 성경암송을 통해 소망을 마음판에 새기는 시간을 가져보세요(다 외웠으면 직접 적어보세요).

1단계 의인의 소망은 즐거움을 이루어도 악인의 소망은 끊어지느니라 (잠 10:28)

_____

_____

2단계 네 마음으로 죄인의 형통을 부러워하지 말고 항상 여호와를 경외하라 정녕히 네 장래가 있겠고 네 소망이 끊어지지 아니하리라(잠 23:17,18)

_____

_____

3단계 우리가 소망으로 구원을 얻었으매 보이는 소망이 소망이 아니니 보는 것을 누가 바라리요 만일 우리가 보지 못하는 것을 바라면 참음으로 기다릴지니라 이와 같이 성령도 우리의 연약함을 도우시나니 우리는 마땅히 기도할 바를 알지 못하나 오직 성령이 말할 수 없는 탄식으로 우리를 위하여 친히 간구하시느니라(롬 8:24-26)

4단계 그러므로 우리가 믿음으로 의롭다 하심을 받았으니 우리 주 예수 그리스도로 말미암아 하나님과 화평을 누리자 또한 그로 말미암아 우리가 믿음으로 서 있는 이 은혜에 들어감을 얻었으며 하나님의 영광을 바라고 즐거워하느니라 다만 이뿐 아니라 우리가 환난 중에도 즐거워하나니 이는 환난은 인내를, 인내는 연단을, 연단은 소망을 이루는 줄 앎이로다 소망이 우리를 부끄럽게 하지 아니함은 우리에게 주신 성령으로 말미암아 하나님의 사랑이 우리 마음에 부은 바 됨이니 우리가 아직 연약할 때에 기약대로 그리스도께서 경건하지 않은 자를 위하여 죽으셨도다(롬 5:1-6)

222

생활 속에서 직접 해보는 소망 훈련

 가정 가족들의 소망 나누기

우리 가족의 소망은 무엇인가요? 온 가족이 함께 모여 가정예배를 드리고 나서 각자 하나님 안에서의 소망을 나눠보세요. 그중에서 우리 가족이 힘을 합쳐 함께 이루어나가야 할 소망을 나눠보세요. 하나님께 그것을 이룰 수 있는 힘을 달라고 오늘부터 기도하세요.

> **구체적 적용** 소망 포스터를 방문 앞에 붙여보세요. 소망을 적고 예쁘게 꾸민 후 자신의 방문에 붙이는 겁니다. 가족 전체의 소망은 거실이나 현관에 붙여놓습니다. 매일 소망의 하나님을 바라보며 그 소망이 이루어지도록 기도할 때 하나님은 그 일을 이루실 것입니다.

 학교 장애가 있는 친구를 돕기

학교에 몸이 불편한 친구가 있나요? 그 친구를 평소 나는 어떻게 대했는지 생각해봅시다. 헬렌 켈러에게는 좋은 친구가 많았습니다. 헬렌은 그 친구들의 사랑으로 훗날 연약한 사람들의 친구가 되어주었습니다. 낮고 낮은 곳에 있는 우리에게 오셔서 '너희는 나의 친구'라고 말씀하신 예수님의 마음으로 친구와 우정을 나누도록 해보세요.

> **구체적 적용** 학교 안에 장애를 가진 친구와 편지를 주고 받아보세요. 훗날 헬렌의 편지처럼 유명한 편지가 될지도 모른답니다. 학교 안에 그런 친구가 없다면 우리 동네 또는 멀리 다른 지방이나 나라에 있을지도 몰라요. 요즘은 인터넷을 통해 많은 친구들을 만날 수 있답니다. 그 친구들에게 예수님의 사랑을 전해보세요.

규장 신앙위인 북스 5

헬렌 켈러

개정판 1쇄 발행	2010년 6월 15일
개정판 4쇄 발행	2015년 5월 18일
초판 1쇄 발행	1993년 1월 30일
초판 16쇄 발행	2007년 11월 9일
지은이	오병학
펴낸이	여진구
편집국장	김응국
기획·홍보	이한민
책임편집	김아진, 최지설
편집	안수경, 손유진, 강민정, 이영주
책임디자인	전보영, 이유아 ㅣ 이혜영, 정혜림
마케팅	김상순, 강성민, 허병용, 이기쁨
마케팅지원	손동성, 최영배, 최태형
제작	조영석, 정도봉
경영지원	김혜경, 김경희
이슬비전도학교	엄취선, 전우순, 최경식
303비전성경암송학교	박정숙, 이지혜, 정나영
303비전장학회 &	
303비전꿈나무장학회	여운학
펴낸곳	규장

주소 137-893 서울시 서초구 양재2동 205 규장선교센터
전화 578-0003 **팩스** 578-7332 **이메일** kyujang@kyujang.com
홈페이지 www.kyujang.com **트위터** twitter.com/_kyujang
등록일 1978.8.14. 제1-22

ⓒ 저자와의 협약 아래 인지는 생략되었습니다.
이 출판물은 저작권법에 의해 보호를 받는 저작물이므로 무단 전재와 무단 복제를 할 수 없습니다.

책값 뒤표지에 있습니다.
ISBN 978-89-6097-204-9 03230

규 | 장 | 수 | 칙

1. 기도로 기획하고 기도로 제작한다.
2. 오직 그리스도의 성품을 사모하는 독자가 원하고 필요로 하는 책만을 출판한다.
3. 한 활자 한 문장에 온 정성을 쏟는다.
4. 성실과 정화를 생명으로 삼고 일한다.
5. 긍정적이며 적극적인 신앙과 신행일치에의 안내자의 사명을 다한다.
6. 충고와 조언을 항상 감사로 경청한다.
7. 지상목표는 문서선교에 있다.

하나님을 사랑하는 자 곧 그의 뜻대로 부르심을 입은 자들에게는 모든 것이 合力하여 善을 이루느니라(롬 8:28)

규장은 문서를 통해 복음전파와 신앙교육에 주력하는 국제적 출판사들의 협의체인 복음주의출판협회(E.C.P.A-Evangelical Christian Publishers Association)의 출판정신에 동참하는 회원(Associate Member)입니다.